ACIÉRIES DE LONGWY

1880-1930

Il a été tiré de cet ouvrage
50 exemplaires sur papier Madagascar
numérotés de 1 à 50

ACIÉRIES DE LONGWY

1880~1930

AVANT-PROPOS

IL nous a semblé que pour commémorer le cinquantième anniversaire de la fondation des Aciéries de Longwy, nous ne pouvions mieux faire que de résumer, sous une forme aussi attrayante que possible, les principales étapes de la vie de notre Société.

Nous dédions ce travail à tous ses collaborateurs :

à ses actionnaires qui ont eu foi en son avenir, et plus particulièrement à ceux de la première heure, en raison des risques qu'ils avaient accepté d'assumer ;

à ses obligataires qui lui ont fourni l'appoint de capitaux nécessaires pour réaliser son programme ;

à ses clients fidèles dont le nombre s'est développé plus vite que ses moyens de production ;

à son personnel dont la compétence, le zèle et le dévouement ne lui ont jamais fait défaut.

En parcourant cet ouvrage, ils assisteront rétrospectivement à la naissance de notre Société, ils compteront ses premiers pas, quelque peu chancelants ; ils revivront les vicissitudes de ses débuts, constateront ses progrès, accomplis suivant un rythme de plus en plus accéléré ; ils la verront épanouie et prospère à la veille de la guerre ; puis, quelques mois après, dévastée et pantelante, ils mesureront l'ampleur et les difficultés de la tâche qu'elle a dû accomplir pour se relever de ses ruines et reconquérir une puissance accrue ; ils prendront un intérêt particulier à la suivre dans sa laborieuse activité d'aujourd'hui.

Mieux que dans une visite, se déroulera sous leurs yeux, le film des opérations permettant l'élaboration de ses produits : extraction du minerai et du charbon, fabrication du coke, de la fonte ; transformation de celle-ci en acier Thomas, en acier Martin ; laminage des tôles et des barres de toutes dimensions.

Enfin, ils apprécieront les œuvres de prévoyance et d'assistance sociales qu'elle a multipliées pour le bien-être matériel et moral de son personnel.

De cette suite de tableaux, embrassant un demi-siècle de travail et d'épisodes parfois tragiques, ils verront émerger nettement la haute personnalité de M. A. Dreux, le puissant animateur de notre Société, qui s'est toujours si complètement identifié avec elle, dans ses épreuves comme dans ses succès.

Cet album du cinquantenaire voudrait être un témoignage de reconnaissance digne des services rendus aux Aciéries de Longwy par son Président M. A. Dreux, par ses collègues du Conseil d'Administration, anciens et actuels, et par les collaborateurs de tous rangs dont l'énergie et le labeur quotidien ont permis à la Société de devenir l'un des ensembles les plus complets et les plus vigoureux de la sidérurgie française.

I

LA MÉTALLURGIE

DANS LE

BASSIN DE LONGWY

CHAPITRE PREMIER

ÉVOLUTION DE LA MÉTALLURGIE
DU FER A TRAVERS LES AGES

SANS prétendre refaire l'historique de la métallurgie du fer, nous croyons nécessaire de rappeler, dans ses grandes lignes, l'évolution de celle-ci afin de marquer quelle en était la situation en 1880, date de la création de la SOCIÉTÉ DES ACIÉRIES DE LONGWY. Deux gravures sur bois, extraites de la *Cosmographie Universelle* de *Sébastien Munster* (1555),

nous offrent un résumé de l'art des Mines et de la Fonderie au XVIᵉ Siècle.

La figure 1 nous présente les aspects de l'industrie extractive du minerai. A la partie supérieure on remarque un prospecteur qui, à l'aide de la baguette divinatoire, encore aujourd'hui chère aux sourciers, se livre à la recherche du gisement souterrain. Au fond d'une galerie, un mineur est occupé à l'abatage du minerai au moyen du pic. Derrière lui, un manœuvre rassemble les morceaux abattus et prépare leur évacuation. Celle-ci s'effectuait à cette époque déjà de deux façons:

ou bien verticalement, par puits au moyen d'un treuil et de deux seaux, première forme bien rudimentaire des cages d'extraction des installations modernes;

ou bien horizontalement au moyen de wagonnets circulant sur des chemins... de bois.

Enfin, un autre ouvrier est occupé, à l'extérieur, sous la surveillance du maître-mineur, à concasser les morceaux trop gros.

La seconde gravure montre le traitement du minerai. Une roue actionnée par une chute d'eau, complément indispensable des forges à cette époque, fait tourner un arbre prismatique. Celui-ci, au moyen de bras (mal représentés sur le dessin), soulève périodiquement la partie supérieure de plusieurs soufflets qui redescendent ensuite sous le poids des pierres dont ils sont chargés. Ces soufflets attisent un feu de forge dans lequel un ouvrier culbute successivement des corbeilles de minerai et de charbon de bois.

La température que l'on peut atteindre par ce procédé étant insuffisante pour fondre le métal, celui-ci n'est obtenu que sous forme de fragments pâteux que le fondeur retire constamment du foyer : les matières incandescentes sont jetées dans un bac rempli d'eau, puis reprises à la pelle. Enfin, au moyen des différents instruments représentés sur la gravure, on effectue le triage des produits métalliques et des scories, qui sont ensuite éliminées à la brouette.

Peu à peu, ces bas-foyers furent agrandis et le nombre de leurs soufflets accru pour activer la combustion. Afin de mieux utiliser la chaleur produite, on souleva le foyer ; il prit la forme d'une sorte de cuve d'environ 3 mètres de haut que l'on remplissait de minerai. C'est ainsi que, progressivement, le bas-foyer se transforma en haut-fourneau.

Lorsque la température augmente et que le métal reste plus longtemps en contact avec le charbon de bois, la loupe de fer dissout une partie de ce charbon, et se transforme en fonte qui, beaucoup plus fusible que le fer, prend la forme liquide ; c'est de cette façon que, vers le XIIIᵉ Siècle, les Allemands avaient obtenu fortuitement la fonte de fer, fluide et facile à mouler, et dont l'usage s'est depuis si considérablement développé.

D'autre part, le même foyer, utilisé d'une manière un peu différente, donnait d'autres résultats ; en chargeant sur une hauteur moindre et en soumettant le métal formé à l'action du vent, on empêchait la carburation du fer ; celui-ci conservait la forme pâteuse ; la loupe ou éponge métallique obtenue était ensuite soumise au « cinglage », c'est-à-dire au martelage au moyen de martinets actionnés par une autre roue hydraulique. Ce travail de forgeage soudait entre elles les parcelles ferreuses, en expulsait les traces de scories et donnait au métal une homogénéité relative, suffisante cependant pour les usages auxquels il était destiné.

On fut amené à spécialiser certains foyers dans la production de la fonte. On remarqua, en effet, qu'on obtenait ainsi, d'un même minerai, un rendement beaucoup plus élevé. Le laitier, seul déchet de la production de la fonte, ne contenait plus que des quantités insignifiantes de métal alors qu'au contraire, la fabrication du fer produisait une scorie très riche : à tel point que les amas, parfois très importants, provenant des anciennes forges et existant sur un grand nombre de points du territoire français, notamment dans l'Yonne, en Normandie et en Bretagne, sont aujourd'hui réutilisés comme minerais.

Durant cette période, on observa également qu'il y avait avantage à employer comme matière première dans les bas-foyers, où l'on cherchait encore à obtenir l'éponge de fer, non plus du minerai, mais de la fonte produite par les hauts-fourneaux voisins. La gueuse de fonte chauffée au charbon de bois était soumise à l'action du vent ; le carbone qu'elle contenait était brûlé, et la fonte devenait du fer pâteux en produisant une quantité de scories beaucoup moindre.

Comme on le voit par ce simple exposé rétrospectif, un même appareil, l'antique bas-foyer, donna naissance, par spécialisation, à la fois au haut-fourneau, produisant de la fonte, et au feu d'affinerie, qui transformait celle-ci en fer.

L'industrie, étant alors un art purement expérimental, n'évoluait qu'avec une lenteur dont nous nous faisons difficilement une idée aujourd'hui; il n'y eut, en fait, que fort peu de progrès réalisés durant les 500 ans qui s'écoulèrent entre l'apparition du premier bas-foyer allemand et les premières années du xix⁰ Siècle.

CHAPITRE II

SITUATION DE LA MÉTALLURGIE DU FER AU DÉBUT DU XIXe SIÈCLE

AU moment de la chute du Premier Empire, la France comptait environ 350 hauts-fourneaux au charbon de bois, disséminés sur l'ensemble de son territoire et produisant environ 110.000 tonnes par an, c'est-à-dire 800 kilos par fourneau et par jour.

A partir de cette époque, les choses évoluèrent d'une manière infiniment plus rapide, grâce aux recherches des industriels britanniques qui furent, pendant une cinquantaine d'années, les innovateurs et les maîtres incontestés de la sidérurgie.

HAUT-FOURNEAU — Les forêts étant rares en Angleterre, ils eurent tout d'abord l'idée de remplacer le charbon de bois par un produit analogue, le coke, obtenu lui aussi par distillation. Petit à petit, les hauts-fourneaux au coke supplantèrent ceux au charbon de bois. En même temps, les dimensions de ces appareils et leur production journalière se développèrent dans de grandes proportions.

Vers 1850, il y avait encore en France environ 400 hauts-fourneaux au charbon de bois, et seulement une centaine au coke. Ces 500 hauts-fourneaux produisaient ensemble environ 500.000 tonnes de fonte par an, à raison de 1.000 kilos environ par jour pour les hauts-fourneaux au bois et 10.000 kilos pour les fourneaux au coke.

Peu après la guerre de 1870, c'est à peine s'il restait une centaine de fourneaux au charbon de bois, tandis que les hauts-fourneaux au coke étaient au nombre de 150; la production de fonte était passée à 1.500.000 tonnes.

Cette modification dans la nature du combustible fut rendue possible par l'emploi de la machine à vapeur qui permit d'installer des souffleries plus puissantes.

En 1829, les Ecossais eurent l'idée de chauffer l'air, avant de l'insuffler dans le fourneau, en le faisant passer dans une tuyauterie de fonte chauffée au charbon. Ils arrivèrent ainsi à une production de 2.200 tonnes de fonte par semaine aux 12 hauts-fourneaux de l'usine de Dowlays, soit 26 tonnes par haut-fourneau et par jour.

En 1845, d'autres industriels anglais, frappés de voir d'énormes flammes brûler en pure perte au sommet des fourneaux, en fermèrent le gueulard et purent, de cette façon, capter les gaz combustibles. Ils les firent brûler sous des tuyauteries dans lesquelles circulait le vent sortant des souffleries.

En 1850, dans les usines du Cleveland, on transforma le mode de chauffage du vent. Au lieu de le faire passer dans des tuyaux en fonte, qui se détérioraient rapidement, on construisit des sortes de tours à l'intérieur desquelles on empila des briques laissant entre elles d'assez larges intervalles. On disposait de deux appareils semblables. Dans l'un d'eux, on faisait d'abord brûler le gaz recueilli au gueulard du fourneau; les briques s'échauffaient ainsi jusqu'au rouge: lorsqu'elles l'avaient atteint, on coupait le gaz au premier appareil et on le faisait brûler dans l'autre. On introduisait alors le vent des soufflantes dans le premier où il s'échauffait au contact des briques rouges avant de passer dans le fourneau. Lorsque les briques de cet appareil étaient refroidies par la circulation de l'air, celles du second s'étaient réchauffées par la combustion du gaz; on intervertissait les rôles et ainsi de suite.

Cette invention se développa rapidement en Europe et, dès 1866, on construisit, à Liverdun près Nancy, des appareils de ce modèle, représentés par la figure 3.

On y remarquera le haut-fourneau où le minerai et le coke sont amenés par une passerelle. Le gueulard est fermé; les gaz y sont prélevés et dirigés vers la partie inférieure; ils se rendent de là aux deux tours cylindriques situées à droite. Au-dessous de la conduite de gaz, on aperçoit une seconde tuyauterie; c'est celle qui amenait le vent chaud des appareils dans une canalisation circulaire entourant la partie inférieure du fourneau et alimentant les tuyères par lesquelles le vent était introduit. La machine soufflante se trouvait à droite, dans les bâtiments démolis. Dans ce fourneau de 1866, se trouvent déjà tous les éléments des fourneaux modernes.

D'autres progrès, non moins importants, réalisés également en Grande-Bretagne, allaient rénover complètement la fabrication du fer et de l'acier.

FOURS A PUDDLER — En 1874, l'Anglais CORT, remplaça l'ancien feu d'affinerie par un four bassin, chauffé par un foyer latéral; c'était le four à puddler. On y obtenait l'éponge ou la loupe de fer en consommant moins de charbon et en produisant beaucoup moins de scories; mais ce résultat était acquis au prix d'un brassage continuel de la masse, extrêmement pénible et épuisant pour les ouvriers.

LAMINOIRS — Les Anglais remplacèrent également l'ancien marteau ou martinet, par le laminoir à cannelures, c'est-à-dire qu'ils substituèrent le laminage au forgeage.

BESSEMER — Mais l'invention la plus sensationnelle fut réalisée en 1864 par l'ingénieur BESSEMER, qui eut l'idée d'affiner la fonte en y insufflant de l'air. L'opération s'effectue dans une énorme cornue métallique revêtue de briques réfractaires et munie d'un fond perforé par lequel arrive l'air. Celui-ci, en barbottant à travers le bain de fonte liquide, y brûle le carbone et le silicium en excès et cette élimination transforme la fonte en fer d'une manière à la fois plus rapide, plus économique et infiniment moins pénible que par l'opération du puddlage.

Grâce à la température très élevée, produite par la combustion du carbone et du silicium, le fer était pour la première fois obtenu à l'état liquide. Il reçut alors, improprement, le nom d'acier qu'il a conservé depuis: acier veut dire simplement aujourd'hui fer obtenu à l'état liquide.

Toutefois, ce procédé n'était pas applicable aux fontes obtenues en Lorraine; celles-ci renfermaient, en effet, une forte proportion de phosphore qui restait dans l'acier et le rendait absolument inutilisable.

PROCÉDÉ THOMAS — L'élimination du phosphore donna lieu à de très longues recherches. On finit par y parvenir en introduisant de la chaux dans la cornue. L'acide phosphorique produit par la combustion du phosphore donne ainsi du phosphate de chaux, formant une scorie qu'on élimine en écrémant le bain. Les premiers essais furent cependant malheureux, la chaux versée dans la cornue attaquait les briques siliceuses du revêtement et les détruisait rapidement.

C'est entre 1874 et 1880 que deux Anglais, Sydney Thomas et Percy Gilchrist, mirent au point une transformation du procédé Bessemer qui consistait à revêtir la cornue, non plus de briques siliceuses, mais de briques de magnésie calcinée, insensibles à l'action de la chaux.

Ce nouveau procédé devait avoir une portée incalculable pour la métallurgie lorraine. Il allait, en effet, permettre à notre province, assise sur l'un des gisements ferrifères les plus puissants du globe, de jouer un rôle de premier plan dans le développement de la métallurgie française.

CHAPITRE III

LA MÉTALLURGIE EN LORRAINE

LE BASSIN DE LONGWY

LE gisement lorrain s'étend du Nord au Sud, de *Longwy* à *Nancy*, en passant sous le plateau de *Briey*. Dans la direction de l'Ouest, il s'enfonce de plus en plus sous le sol et fait place à des couches non ferrugineuses. Au Nord, à l'Est et au Sud, ses affleurements ont été progressivement découpés par les cours d'eau, au cours de leur travail d'érosion. Dans les vallées situées à l'Est, les débris provenant de la désagrégation des couches ferrugineuses ont été entraînés par les eaux de la Meurthe et de la Moselle jusqu'au Rhin et de là, vers la mer du Nord.

Il n'en fut pas de même dans la partie nord du gisement. Celle-ci n'étant balayée par aucun fleuve, les éléments de minerai entraînés par les eaux pluviales se rassemblaient dans les premières cuvettes où ils pouvaient se déposer. C'est ainsi que tout le long de la frontière belge et luxembourgeoise, existaient des gîtes d'autant plus faciles à exploiter qu'ils étaient superficiels et composés de morceaux ou rognons qui ne nécessitaient aucun travail d'abatage.

Comme d'autre part, ces amas se trouvaient au milieu d'un pays couvert de forêts, propices à la fabrication du charbon de bois, il est compréhensible que cette région, s'étendant de *Longwy* à *Villerupt*, puisse être considérée comme le berceau de la métallurgie lorraine.

Ces gisements superficiels et en particulier ceux de *Tellancourt, Lexy, Buré-la-Ville, Villers-la-Montagne, la Malmaison, Fresnois-la-Montagne*, furent épuisés vers la fin du xviiie Siècle. On attaqua alors les affleurements de minerai situés dans leur voisinage immédiat. L'exploitation à flanc de coteau avait donc commencé dans la région de Longwy avant la Révolution. Dans la première partie du xixe Siècle, elle s'étendit vers l'Est, puis vers le Sud, et des usines s'installèrent dans la vallée de la Moselle.

Après la guerre de 1870, les Allemands s'empressèrent d'annexer toute la région des mines et des forges connues, à l'exception toutefois de Longwy et de Villerupt qui furent laissées à la France, grâce à l'énergique intervention de POUYER-QUERTIER.

Vers 1880, des géologues avisés émirent l'opinion que le bassin minier exploité seulement par ses affleurements devait se prolonger en profondeur dans la direction de *Briey*. Des recherches commencèrent à l'Ouest de la frontière de 1870 et aboutirent à la découverte du bassin de Briey. Ainsi commença, au début du xxe Siècle, l'ère actuelle du développement intensif de la métallurgie dans cette région.

Avant d'en entreprendre l'étude, il nous semble intéressant d'examiner, en tant que vestiges du passé, les vieilles forges des environs de Longwy, ancêtres des puissantes usines d'aujourd'hui.

Nous citerons d'abord pour mémoire :

La Forge de *Longuyon*, avec ses dépendances de *Lopigneux* et de *Vezin*, qui approvisionnait en produits de platinerie les manufactures d'armes de Charleville ;

Le haut-fourneau du *Dorlon* (fig. 4) et la Forge de *Buré*, créations des moines de la riche Abbaye d'Orval.

La Forge de *Cons-la-Grandville* (fig. 5) qui fut célèbre dans la première moitié du xix⁰ Siècle ;

Les Forges belges de *Saint-Léger*, d'*Habay*, de *la Claireau*, d'*Ethe*, de *Ruttel* et de *Pierrard*, qui tiraient leur minerai de Musson et d'Halanzy. La Forge de *Pierrard* (près Virton) appartenait en 1789 à François DE WENDEL, seigneur de Longlaville[1], l'un des ancêtres de l'illustre lignée de Maîtres de Forges Lorrains. Toutes ces forges sont maintenant abandonnées et de la plupart d'entre elles, il ne reste plus aucune trace. D'autres au contraire, ont été transformées progressivement, pour donner naissance aux usines métallurgiques existant encore sur leur emplacement.

ATHUS — Il semble que le premier haut-fourneau d'Athus ait été érigé dans la seconde moitié du xvii⁰ Siècle par François THOMASSIN, propriétaire de la Forge de la Sauvage. En 1769, le village d'Athus qui, jusque-là, faisait partie de la Lorraine, ayant été cédé aux Pays-Bas, le fourneau cessa de fonctionner, ses fontes ne pouvant plus être envoyées librement à Herserange. C'est sur l'emplacement de cette ancienne forge qu'ont été construits les hauts-fourneaux actuels de la *Société d'Athus-Grivegnée*, usine belge, située à proximité immédiate de Mont-Saint-Martin.

VILLERUPT — On trouve les premières traces d'une forge à Villerupt vers 1573. En 1627, elle appartenait à Gabriel BERNARD de Longwy, qui venait de bâtir le premier haut-fourneau de La Sauvage. Elle fut totalement ruinée lors de l'invasion française en Lorraine en 1646, mais fut promptement restaurée ensuite ; des taques de fonte venant de cette forge sont datées de 1680. Vers 1765, elle comprenait un haut-fourneau et 3 feux d'affinerie, une grande et une petite forge. En 1841, elle disposait de 3 hauts-fourneaux et fabriquait des tôles réputées. Au début du xix⁰ Siècle, les hauts-fourneaux de Villerupt donnaient annuellement 700 tonnes de fer nerveux.

Cette forge s'alimentait par la mine de Villerupt dont les produits étaient utilisés en mélange avec le minerai d'Aumetz. Ces usines, placées en 1863 sous la direction de MM. GAUTHIER et HERRGOTT devinrent ensuite la propriété de la *Société de Villerupt* et *Saint-Claire* qui les agrandit et les transforma en 1870. Elles appartiennent maintenant, partie à la *Société d'Aubrives et Villerupt*, partie à la *Société des Aciéries de Micheville*.

---

[1] *Longlaville :* commune contiguë à *Mont-Saint-Martin* et à *Longwy*.

HERSERANGE — En 1548, Clément DE ROUVROY obtint la permission de construire une forge dans la forêt de Selomont, non loin de Villers-la-Montagne. Près du village d'*Herserange*, il installa alors un haut-fourneau qu'alimentait l'étang créé sur la Moulaine. En 1578, on y annexa une platinerie et un ou plusieurs feux d'affinerie. Les guerres qui désolèrent la Lorraine, amenèrent en 1646 la ruine de la forge d'Herserange. En 1650, François THOMASSIN la racheta et la remit en marche. Ce maître de forge réussit à grouper sous son autorité, avec la forge d'Herserange, celles de la Sauvage et d'Athus, puis la platinerie de Moulaine, et constitua ainsi l'ensemble métallurgique le plus important du pays.

En 1751, ces forges passèrent par voie de succession dans la famille D'HUART. La révolution amena leur chômage; elles ne furent remises en marche qu'en 1795 après le retour d'émigration de M. D'HUART. En 1828, les forges d'Herserange furent vendues à MM. MANUEL & AUBÉ, à qui succédèrent MM. AUBÉ & TROCHON. A cette époque, l'usine comprenait un train de laminoir produisant du fil machine pour la tréfilerie, la clouterie et la pointerie. M. D'ADELSWARD racheta la forge d'Herserange en 1861. Quelques années plus tard, il la fit démolir et la transforma en une propriété d'agrément.

LE HOLLÉ - Cette forge, assise sur la Moulaine, à l'entrée du vallon de la Croix-Chaudron, près du Château de Senelle, existait déjà en 1478. Elle comprenait un haut-fourneau et très probablement aussi une affinerie. Elle fut complètement ruinée en 1571. En 1830, M. DEVILLE-BODSON, maître de forges à Bazeilles obtint l'autorisation de construire un haut-fourneau au moulin de Senelle, mais n'y donna aucune suite. En 1847, M. D'HUART de NOTHOMB obtint une nouvelle autorisation et construisit ce haut-fourneau auquel il devait adjoindre, plus tard, un laminoir et un four à puddler. C'est cette dernière forge qui donna naissance à l'usine actuelle de la *Société de Senelle-Maubeuge*.

SAULNES - Des actes de 1474 font mention de la forge de *Saulnes*. Elle comportait un petit haut-fourneau et une affinerie, mais dut être abandonnée en 1545. C'est sur l'emplacement de cette forge que sont construits les hauts-fourneaux de la *Société Raty & Cie*.

6

LA SAUVAGE - La forge de *La Sauvage* (fig. 6) fut créée en 1623 par Gabriel BERNARD de Longwy qui possédait déjà celle de Villerupt. La guerre de Trente Ans amena la ruine de ces entreprises et François THOMASSIN, Prévot d'Arrancy et propriétaire de la forge d'Herserange, racheta La Sauvage en 1650. En 1751, le baron Henri D'HUART en devint propriétaire; il la céda en 1828 à MM. MANUEL & AUBÉ. A la suite de la déconfiture de cette maison, la forge de La Sauvage fut rachetée par M. GIRAUD, propriétaire des fourneaux de Longwy, et son successeur, M. le comte de SAINTIGNON, les maintint en marche jusqu'en 1914.

LONGWY-BAS - Le petit haut-fourneau construit en 1840 à Longwy-Bas et qui était en chômage depuis de nombreuses années fut racheté en 1863 par MM. P. GIRAUD & Cie qui exploitaient déjà les hauts-fourneaux de La Sauvage. Il fut alors reconstruit et agrandi. Ce fut l'origine de la *Société des hauts-fourneaux de Longwy et de La Sauvage* que dirigea M. DE SAINTIGNON jusqu'à la dernière guerre. Cette usine n'a pas été reconstruite; ses propriétés ont été divisées entre plusieurs acquéreurs, dont la *Société des Hauts-Fourneaux de la Chiers*.

VAUX-SOUS-COSNES - La forge de Vaux est l'une des plus anciennes du pays. Sa création remonte au moins à la seconde moitié du XIVe Siècle, puisqu'on la trouve déjà en activité en 1398. Les eaux de l'étang de Warnimont actionnaient les souffleries de cette forge, qui disposait d'un haut-fourneau et fabriquait particulièrement des taques de foyer. Elle disparut au début du XVIIe Siècle. C'est sur son emplacement qu'ont été créées les *Forges de Gorcy*.

GORCY - Le nom de Joseph Labbé est attaché à la création de cette usine qu'il fonda en 1832. Un premier haut-fourneau au bois, alimenté par du minerai de *Saint-Pancré*, fut construit en 1837. En 1849, l'usine comprenait 3 fourneaux, une grande forge avec affinerie, des fours à puddler et des laminoirs. Elle se compléta ultérieurement et, en 1914, elle comportait 2 fourneaux au coke, une fonderie, des fours à puddler, des laminoirs, une tréfilerie et une pointerie. L'usine ayant été dévastée pendant la guerre, l'effort de reconstitution porta principalement sur le développement de ses moyens de transformation; la tréfilerie-pointerie fut considérablement agrandie, reconstruite sur un plan nouveau et dotée de l'outillage le plus moderne. Depuis sa création, cette usine est constamment restée la propriété de la même famille. Son fondateur, Joseph Labbé, eut pour successeur son fils, Alfred Labbé. Elle est administrée actuellement par son petit-fils, Paul Labbé, et ses arrière-petits-enfants, MM. Robert et Roland Labbé.

MOULAINE — Dès 1516, on relève l'existence à *Moulaine*, d'une platinerie qui travaillait alors les fers de la forge de Saulnes. Après un arrêt survenu vers le milieu du XVI° Siècle, la platinerie de Moulaine reprit sa fabrication et connut la prospérité sous l'autorité du Duc de

Lorraine jusqu'à l'invasion française, qui la ruina complètement. En 1650, François Thomassin, Maître de Forges et propriétaire d'Herserange, prit à bail la platinerie de Moulaine et se chargea de sa reconstruction. En 1847, M. Aubé-Tronchon construisit à Moulaine un premier haut-fourneau (fig. 7) et obtint, en 1850, l'autorisation d'en construire deux nouveaux. Ces hauts-fourneaux étaient alimentés avec du coke venant de Metz par voiture; ils produisaient de la fonte de moulage que consommaient les fondeurs des Ardennes.

Vers 1861, à la déconfiture de M. Aubé-Tronchon, M. d'Adelsward, propriétaire de la Forge d'Herserange, acheta les hauts-fourneaux de Moulaine. Il devait en faire plus tard apport à la Société des Aciéries de Longwy.

LE PRIEURÉ — La création du chemin de fer de Charleville à Longwy vint donner un nouvel essor à l'industrie métallurgique de la région. C'est alors que le Baron d'Adelsward construisit en 1865 près de la nouvelle ligne, au lieu dit « Le Prieuré », 2 fourneaux capables d'une production de 40 tonnes. Ils étaient alors alimentés par les minerais de la concession de Mont-Saint-Martin qui lui avait été accordée en 1864. Ayant obtenu, en 1870, une nouvelle concession minière à Herserange, le Baron d'Adelsward, construisait l'année suivante, un troisième fourneau, au Prieuré, sur le modèle des grands hauts-fourneaux d'Angleterre; c'était alors le plus grand de tout le bassin de Longwy.

MONT-SAINT-MARTIN — Pour profiter de la nouvelle ligne de chemin de fer, MM. J. & A. Labbé, propriétaires des *Forges de Gorcy*, édifièrent des hauts-fourneaux à coke au Port-Sec, sur le territoire de la Commune de Mont-Saint-Martin (fig. 8). Deux de ces appareils furent mis à feu en 1865 et un troisième en 1868. Ils étaient alimentés par la concession Labbé et O. d'Adelsward. Ce sont ces établissements du Port-Sec qui, réunis à l'usine du Prieuré dont nous venons de parler, constituèrent la Société des Aciéries de Longwy.

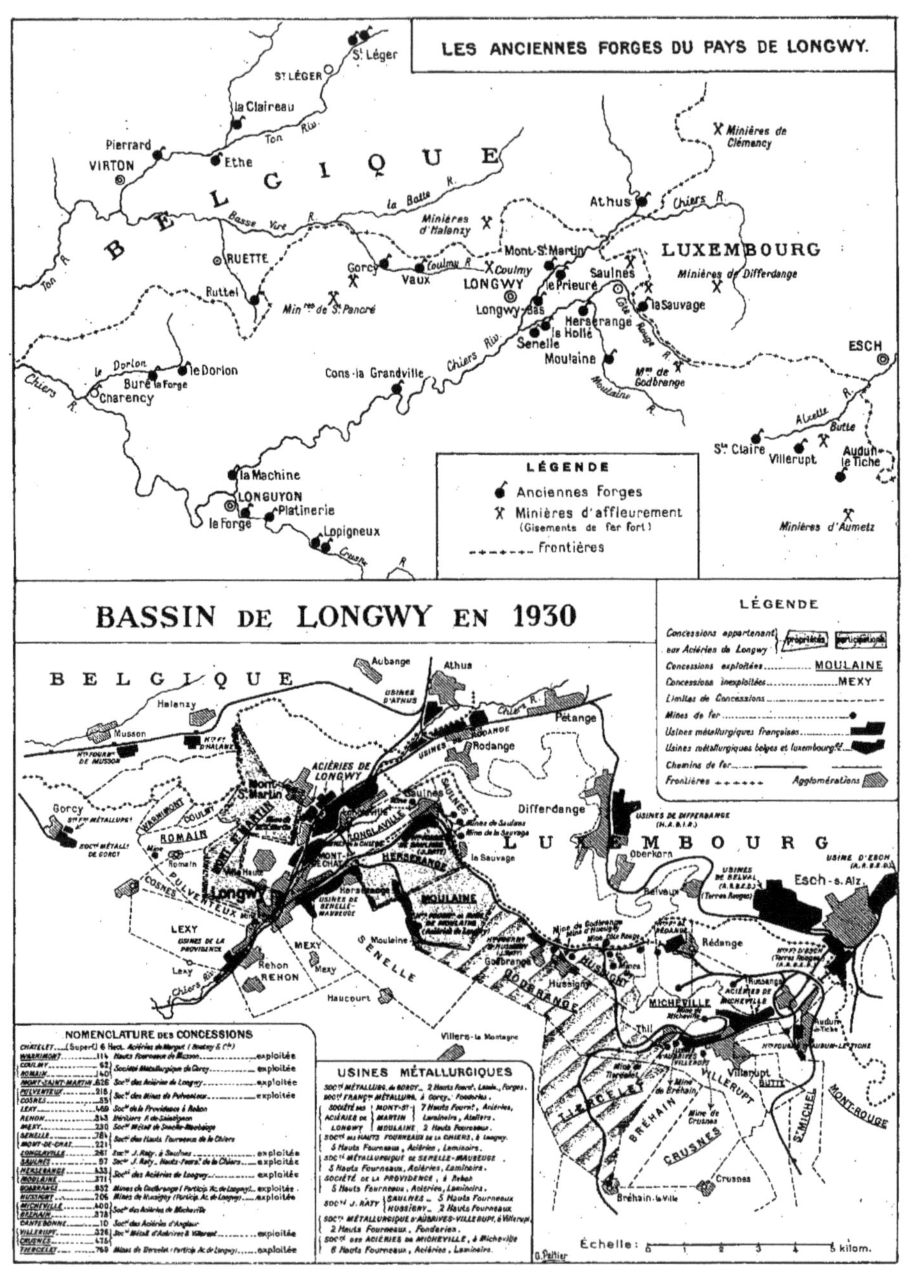

LES ANCIENNES FORGES DU PAYS DE LONGWY.
LÉGENDE
Anciennes Forges
Minières d'affleurement
(Gisements de fer fort)
Frontières
BELGIQUE
LUXEMBOURG
ESCH
St Léger
la Claireau
Pierrard
VIRTON
Ethe
RUETTE
Ruttel
Gorcy
Vaux
Coulmy
LONGWY
Longwy-Bas
le Prieuré
Saulnes
Mont-St-Martin
Athus
Chiers R.
Minières de Clémancy
Minières d'Halanzy
Minières de Differdange
la Sauvage
Herserange
la Hollé
Senelle
Moulaine
Mines de Godbrange
Min.res de St Pancré
Cons-la-Grandville
le Dorlon
le Dorlon
Buré la Forge
Charency
la Machine
LONGUYON
Platinerie
la Forge
Lopigneux
St Claire
Villerupt
Audun-le-Tiche
Butte
Minières d'Aumetz

BASSIN DE LONGWY EN 1930
LÉGENDE
Concessions appartenant aux Aciéries de Longwy
Concessions exploitées .... MOULAINE
Concessions inexploitées .... MEXY
Limites de Concessions
Mines de fer
Usines métallurgiques françaises
Usines métallurgiques belges et luxembourg.ses
Chemins de fer
Frontières
Agglomérations
BELGIQUE
LUXEMBOURG
Aubange
Athus
Halanzy
Musson
Gorcy
ROMAIN
Mont-St-Martin
ACIÉRIES DE LONGWY
Saulnes
Longlaville
Herserange
Longwy
LEXY
MEXY
Rehon
Lexy
Haucourt
SENELLE
Moulaine
Godbrange
Hussigny
Differdange
la Sauvage
Oberkorn
Belvaux
Esch-s-Alz.
Rédange
Rodange
Pétange
MICHEVILLE
Thil
Villerupt
Crusnes
Bréhain-la-Ville
USINES D'ATHUS
USINES DE DIFFERDANGE
USINES DE BELVAL
USINE D'ESCH
USINE D'AUDUN-LE-TICHE
ACIÉRIES DE MICHEVILLE
BRÉHAIN
CRUSNES
TIERCELET
MONT-ROUGE
ST-MICHEL
Échelle: 0 1 2 3 4 5 kilom.
G. Peltier

NOMENCLATURE DES CONCESSIONS
USINES MÉTALLURGIQUES

CENTRE MÉTALLURGIQUE DE LONGWY

II

HISTORIQUE

DE LA

SOCIÉTÉ DES ACIÉRIES

DE LONGWY

L'histoire de la *SOCIÉTÉ DES ACIÉRIES DE LONGWY* embrasse 5 périodes:

1°   Création de la Société.

2°   Réalisation du programme des fondateurs, par l'installation de l'Aciérie et des Laminoirs (1880—1908).

3°   Période de modernisation (1909—1914).

4°   Période de guerre (1914—1918).

5°   Reconstitution.

CHAPITRE IV

CRÉATION DE LA
SOCIÉTÉ DES ACIÉRIES DE LONGWY

PENDANT longtemps, en raison de la teneur en phosphore des minerais du bassin de Longwy, les Maîtres de Forges durent se cantonner dans la fabrication des fontes de moulage et d'affinage. Alors que, dans le centre de la France, l'industrie de l'acier prenait un essor considérable pour l'époque, par l'application des procédés Bessemer et Martin, la région de Longwy restait à l'écart de ce mouvement.

Fort heureusement, en 1878, l'invention des ingénieurs Thomas et Gilchrist, qui permettait le traitement des fontes phosphoreuses pour la fabrication de l'acier, allait renverser complètement la situation. Cette découverte fut accueillie, tout abord, avec une certaine réserve; cependant, quelques industriels qui avaient suivi les expériences des ingénieurs anglais, n'hésitèrent pas à traiter avec eux pour l'exploitation de leur invention.

C'est ainsi que M. Taskin, Administrateur de Forges à Stenay, acheta, à Thomas, au prix de 50 £, une licence pour l'exploitation de son procédé dans une usine à construire en un point à choisir dans la région de l'Est. Cet acquéreur, renonçant à profiter lui-même de cette licence, la céda au prix de 800.000 frs à MM. de Wendel qui s'en assurèrent le monopole pour le département de Meurthe-et-Moselle, et l'utilisèrent dans leurs établissements de Jœuf, près Briey.

Un ingénieur belge, M. Rocour, agissant pour le compte d'un consortium de banquiers, acheta à son tour une licence valable pour tous les points non encore concédés du territoire français.

Les principaux industriels du bassin de Longwy, MM. Labbé Père et Fils, d'Adelsward, Gustave Raty, d'Huart Frères et de Saintignon, comprenant toute l'importance que présentait cette invention pour le bassin de Longwy, résolurent, à leur tour, de fonder une usine pour la fabrication de l'acier par le nouveau procédé. A défaut d'une licence pour Longwy, qu'ils ne pouvaient obtenir, puisque le département de Meurthe-et-Moselle était entièrement concédé, ils traitèrent avec M. Rocour, dans l'intention d'établir leur usine à *Velosnes*, près de Montmédy (Meuse). Mais, pour être transformée dans cette usine, la fonte aurait eu à supporter un transport onéreux. Il était beaucoup plus intéressant d'établir l'aciérie dans le voisinage immédiat de hauts-fourneaux déjà existants, de façon à utiliser directement la fonte liquide. Des négociations furent donc entreprises avec MM. DE WENDEL qui consentirent finalement à céder la licence TASKIN aux futurs fondateurs de la Société des Aciéries de Longwy. Cette rétrocession s'effectua au prix d'achat, augmenté d'une certaine redevance au profit des cessionnaires.

C'est ainsi que Mont-Saint-Martin fut définitivement choisi pour l'installation de la nouvelle usine. Ce choix était particulièrement heureux; il portait, en effet, sur le seul endroit où les frontières belge et luxembourgeoise s'écartent des contreforts du plateau lorrain pour laisser, à leur pied, une large vallée, celle où coule la Chiers, avant de s'engager dans le défilé pittoresque et boisé qu'elle suit jusqu'à Longuyon et Montmédy.

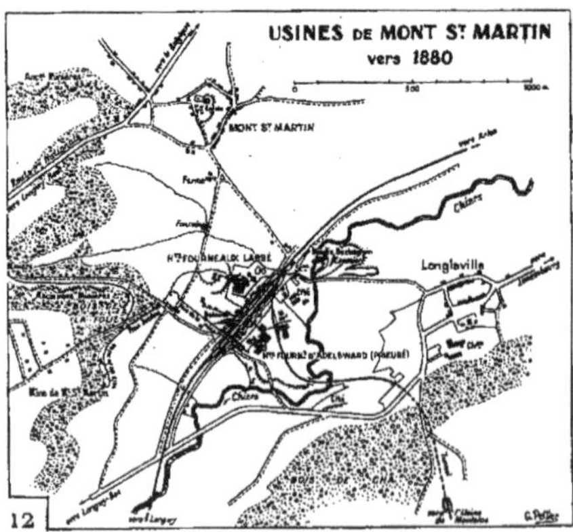

D'autre part, deux usines voisines et séparées seulement par la voie ferrée qui unit Longwy à la Belgique et au Luxembourg se prêtaient parfaitement à la réalisation du projet: c'étaient l'usine de *Mont-Saint-Martin* appartenant à MM. LABBÉ Père et Fils, et celle du *Prieuré*, appartenant à M. RENAUD Oscar, baron D'ADELSWARD (fig. 11 et 12).

Ces maîtres de forge offrirent leurs établissements à la nouvelle société; et proposèrent à d'autres industriels de parfaire le capital social jusqu'à 15 millions, par la souscription en numéraire de 4.000 actions de 500 frs l'une, destinées à couvrir les frais de construction de l'usine, à servir de fonds de roulement et à régler les dépenses de premier établissement.

13

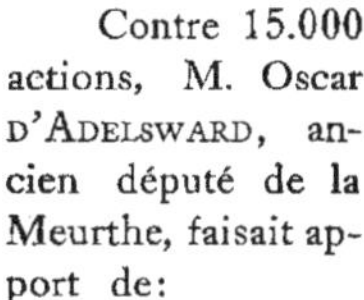

14

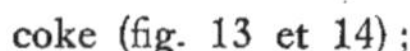

Contre 15.000 actions, M. Oscar D'ADELSWARD, ancien député de la Meurthe, faisait apport de:

L'usine du *Prieuré*, d'une superficie de 8 ha 67 a 21 ca, située sur les communes de Mont-Saint-Martin, Herserange, Longlaville et Longwy et comprenant trois hauts-fourneaux à coke (fig. 13 et 14);

La totalité de la concession des mines de fer d'*Herserange* d'une contenance de 433 ha, accordée par décret impérial du 13 juillet 1870, sise sur les territoires d'Herserange, de Saulnes, d'Hussigny-Godbrange et d'Haucourt;

Leur part dans les concessions minières de *Mont-Saint-Martin* (550 ha - concession du 17 septembre 1864), indivise par moitié avec la Société Métallurgique de Gorcy et Mont-Saint-Martin, de *Godbrange* (952 ha - concession du 10 octobre 1878) et de leurs dépendances et installations annexes.

Contre 11.000 actions, M. Jean-Joseph LABBÉ, ancien député de la Moselle, maître de forges à Gorcy, faisait apport de l'usine de *Mont-Saint-Martin*, près Longwy, comprenant trois hauts-fourneaux au coke (fig. 15), et de sa part dans les concessions minières de Mont-Saint-Martin, Hussigny et Godbrange, avec tout le matériel et les installations annexes.

15

PREMIÈRE PAGE DU LIVRE-JOURNAL
ouvert lors de la création des
ACIÉRIES DE LONGWY

Premier feuillet

Le présent registre contenant Deux cents feuillets, destiné à servir de Livre Journal à la Société des Aciéries de Longwy, société anonyme au capital de Quinze millions de francs, a été coté et paraphé par nous Juge de Paix du Canton de Longwy (Meurthe et Moselle)

A Longwy le 14 Juin 1880

Du 28 Juin 1880

Les suivants. Cte Action à Capital

Pour le Capital souscrit suivant déclaration des Fondateurs en date du 1er Juin courant et composé de 30,000 actions à fr 500 l'une ... 15000000

1	Le Baron d'Adelsward, Cte Action	pour	15000 Actions	7500000
2	D J Labbé, Cte Action	pour	11000	5500000
3	d G Thomas, Cte Action	pour	100	50000
4	Le Cte de Saintignon, Cte Action	pour	900	450000
5	Le Baron G d'Adelsward, Cte Action	pour	300	150000
6	d'Amboix, Cte Action	pour	200	100000
7	Alfred Labbé, Cte Action	pour	600	300000
8	Le Baron Fernand d'Huart, Cte Action	pour	300	150000
9	Le Baron Hippolyte d'Huart, Cte Action	pour	300	150000
10	Le Baron Axel d'Adelsward, Cte Action	pour	200	100000
11	Péridon, Cte Action	pour	500	250000
12	Gustave Raty, Cte Action	pour	600	300000

Ensemble 30,000 Actions 15,000,000 15,000,000

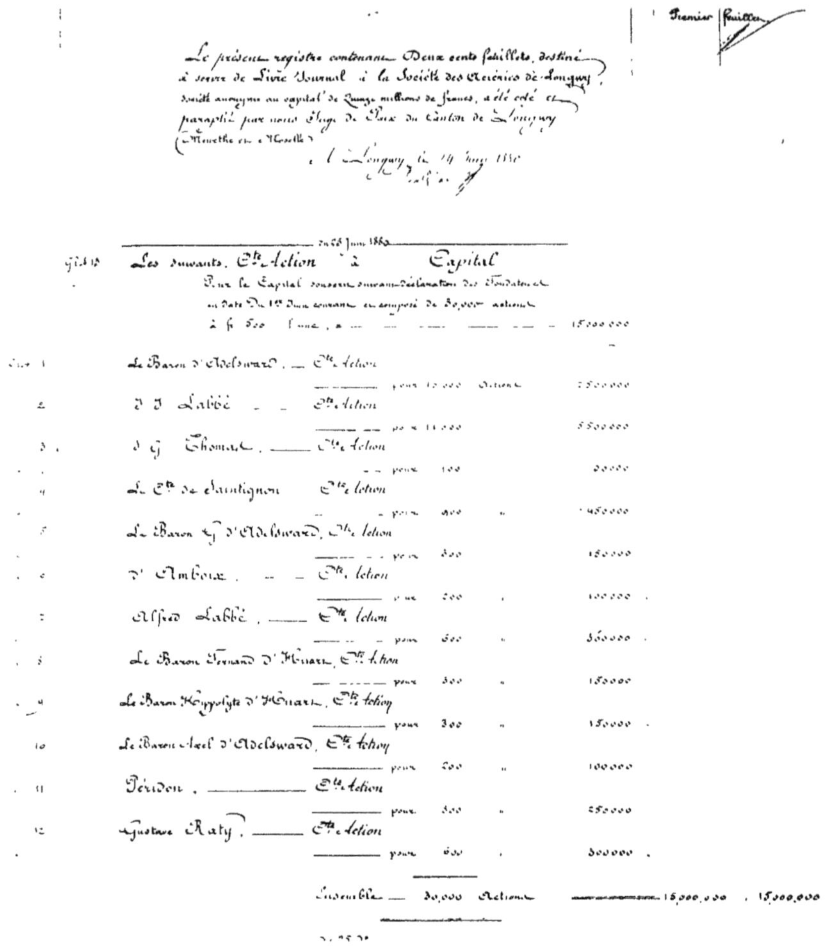

Les 4.000 actions qui étaient supposées devoir suffire à couvrir les dépenses furent souscrites en espèces par les autres fondateurs de la société, MM. Gustave RATY, D'HUART Frères, DE SAINTIGNON et quelques-uns de leurs amis. Nous donnons ci-dessus en fac-simile, la première page du livre-journal transcrivant ces engagements.

Les déclarations de ces apports et souscriptions furent consignées dans un acte sous signature privée dont la minute fut déposée le 1er juin 1880 en l'étude de Me LABRIET, notaire à Longwy.

1° M. Renaud-Oscar baron d'Adelswärd, ancien officier d'État-major, ancien Député du Département de la Meurthe, Officier de la Légion d'honneur, Commandeur de l'ordre de Wasa et chevalier de l'ordre de l'Épée de Suède, maître de forges et propriétaire demeurant à Herserange.

2° M. Jean Joseph Labbé, ancien Député du Département de la Moselle, chevalier de la Légion d'honneur, maître de forges et propriétaire demeurant à Gorcy.

Agissant en la même qualité que celle énoncée en l'article neuf des statuts ci-après.

3° M. Fernand Raoul Henri baron d'Huart, chevalier de la Légion d'honneur, Ingénieur des Arts et manufactures, maître de forges et propriétaire demeurant à Longwy.

4° M. Adrien Jean Baptiste Fernand Comte de Saintignon chevalier de la Légion d'honneur, maître de forges et propriétaire Demeurant à Longwy.

5° M. Gustave Désiré Ratz, maître de forges et propriétaire Demeurant à Saulnes.

Lesquels ont établi ainsi qu'il suit, les statuts d'une société anonyme qu'ils se proposent de créer.

TITRE PREMIER

Formation et Objet de la Société. — Dénomination. — Siége. — Durée.

ARTICLE PREMIER.

Il est formé, par les présentes, entre tous les propriétaires des Actions créées ci-après, une Société anonyme, conformément à la loi du 24 juillet 1867.

ART. 2.

Cette Société a pour objet :

La fabrication et la vente de la fonte, du fer, de l'acier

Une première Assemblée Générale eut lieu le 12 juin, mais l'Assemblée Constitutive ne se réunit que le 24.

— 56 —

faire le dépôt notarié, tant de la liste de souscription et versement que des copies des délibérations des Assemblées générales constitutives et de toutes autres pièces, tout pouvoir est donné à l'un des fondateurs de la Société, avec la faculté de substituer en tout ou en partie.

Pour faire publier les présents Statuts et tous actes et délibérations concernant la dite Société, tous pouvoirs sont donnés au porteur d'une expédition ou d'une copie de ces actes et délibérations.

C'est alors que furent approuvés les statuts dont les première et dernière pages sont reproduites ci-dessus et qui donnaient à la nouvelle Société une durée de 50 ans à dater du 1er mai 1880. (La Société a été prorogée de 75 ans à l'Assemblée générale extraordinaire du 25 août 1909 pour prendre fin le 1er mai 2005.)

PREMIER CONSEIL D'ADMINISTRATION
DE LA SOCIÉTÉ DES ACIÉRIES DE LONGWY

J. Alfred LABBE
J. J. LABBE
Vice-Président du Conseil
G. RATY
Baron G. d'ADELSWARD
O. RENAUD Baron d'ADELSWARD
Président du Conseil
Comte F. de SAINTIGNON
Baron F. d'HUART
R. de WENDEL
Baron H. d'HUART

Le premier Conseil d'Administration élu par cette Assemblée comprenait:

M. le Baron Renaud Oscar d'Adelsward, Maître de Forges, Président — qui avaient fait apport de l'usine du *Prieuré*.

M. le Baron Gustave d'Adelsward, Ingénieur

M. Jean-Joseph Labbé, Vice-Président — Maître de Forges, qui avaient fait apport de l'usine de *Mont-Saint-Martin*.

M. Jean-Alfred Labbé, Maître de Forges

M. Gustave Raty, Maître de Forges, Propriétaire des Hauts-Fourneaux de *Saulnes*.

M. le Comte de Saintignon, Maître de Forges, Propriétaire des Hauts-Fourneaux de *Longwy* et de la *Sauvage*.

M. Robert de Wendel, Cédant de la licence du procédé Thomas, Maître de Forges à *Hayange*, *Moyeuvre*, *Styring* et *Jœuf*.

M. le Baron Hippolyte d'Huart

M. le Baron Fernand d'Huart — Maîtres de Forges, Fondateurs de l'Usine de *Senelle*.

CHAPITRE V

DÉVELOPPEMENT DE LA
SOCIÉTÉ DES ACIÉRIES DE LONGWY

ÈS que les formalités administratives de la fondation furent terminées, la Société entreprit immédiatement la construction de l'Aciérie, et, pour assurer intégralement sa consommation en fonte, elle acquit de M. le Baron D'ADELSWARD, le 20 juin 1881, l'usine de *Moulaine*, située à 4 kilomètres environ de Mont-Saint-Martin, avec sa concession minière de 371 hectares.

La première coulée d'acier Thomas eut lieu le 19 février 1883. L'aciérie qui, en marche normale, pouvait effectuer 22 à 24 opérations par 24 heures correspondant à une production mensuelle de 6 à 7.000 tonnes, comprenait alors 3 convertisseurs de 15 tonnes disposés autour d'une fosse de coulée circulaire de 7 mètres de rayon (fig. 20), desservie par une grue hydraulique pivotante centrale. Cette grue portait la poche de coulée et assurait ainsi le service des lingotières disposées sur la périphérie de la fosse.

Ce dispositif, le seul adopté à une époque où le pont roulant électrique n'existait pas encore, s'appelait le bassin de coulée; sa forme circulaire était conditionnée par le service de la grue.

Les accessoires indispensables accompagnaient

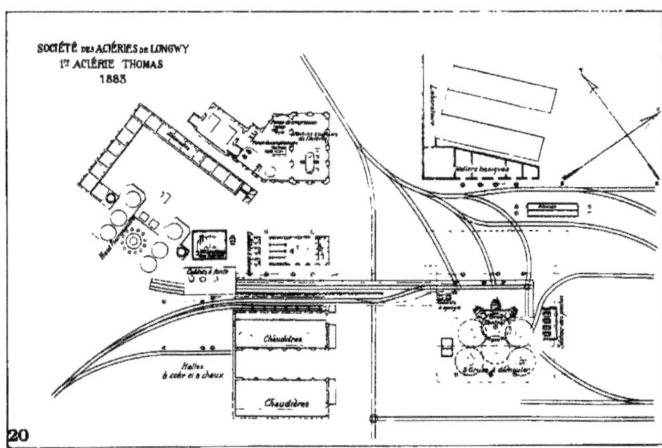

21

ce matériel principal: cubilots pour fonte de deuxième fusion, pour dolomie, pour spiegel - ponts roulants à vapeur de 30 tonnes - marteau-pilon pour forgeage des éprouvettes - grue de démoulage hydraulique et pivotante (fig. 21) - soufflante verticale à vapeur de 2.500 CV, etc....

Le procédé Thomas donne comme résidu de l'affinage de là fonte une scorie riche en phosphore, considérée tout d'abord comme ne présentant aucune valeur d'utilisation. Les essais effectués en vue de son emploi comme engrais phosphaté ayant donné des résultats inespérés, la Société vendit aux agriculteurs sa production journalière qui s'élevait à l'époque à 60 ou 70 tonnes. Mais les scories brutes, livrées en morceaux plus ou moins gros, et se délitant difficilement à l'air, n'exerçaient qu'une action extrêmement lente sur la végétation. Pour activer l'assimilation de l'acide phosphorique, on installa des broyeurs qui permirent de livrer les scories à l'agriculture à l'état de poudre impalpable.

Dès ce moment, la Société des Aciéries de Longwy qui disposait d'un champ minier de 1685 hectares et de 7 hauts-fourneaux capables d'une production annuelle de 110.000 tonnes de fonte constituait le groupe métallurgique le plus puissant de la région (fig. 22 et 23).

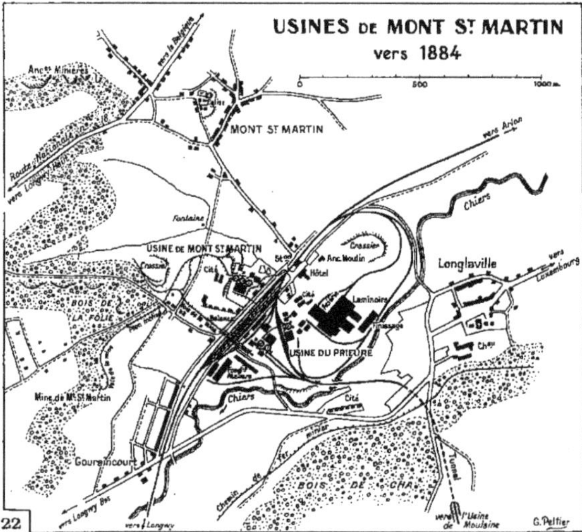

22

23

Les laminoirs, installés à proximité, afin de traiter les lingots d'acier encore chauds comprenaient: un train blooming de 1 m 10 de diamètre et de 2 m 50 de table (fig. 24), mû par une machine à vapeur reversible de 2000 CV; un train reversible de 650 mm de diamètre et de 2 m de table actionné par une machine à vapeur de 2.500 CV et destiné à la fabrication de rails et autres gros profilés; enfin, à partir d'octobre 1883, un train trio de 600 mm de diamètre et de 1 m 60 de table, entraîné par une machine de 300 CV et destiné à la fabrication des rails de 7 à 20 kilos le mètre, des billettes et des profils marchands de dimensions moyennes.

En 1885, on commença à utiliser le gaz des hauts-fourneaux pour le chauffage des chaudières.

Le 10 mars 1886, les Aciéries de Longwy obtinrent la concession de *Valleroy*, d'une superficie de 886 hectares, l'une des premières accordées dans la région de Briey.

Au cours de cette même année, on reconstruisit le haut-fourneau N° 6 (fig. 25) qui fut muni d'appareils Cowper en remplacement des anciens Wittwell. En octobre 1886 la Société entreprit la fabrication des tôles et mit en service à cet effet une cage spéciale actionnée par la machine du blooming. Les cylindres de ce train avaient 850 mm de diamètre et 2 m 50 de largeur de table.

Puis suivirent un train universel à larges-plats avec cylindres horizontaux de 750 mm mû par la machine du train rails, et, en décembre 1887, un train à fil entraîné par une machine à vapeur de 600 CV. Ce dernier servait à la fabrication des ronds de la plus petite section qu'il soit possible de laminer, dénommés fil machine et employés dans les tréfileries pour la fabrication du fil de fer.

Les chiffres portés aux tableaux ci-après témoignent de l'importance de la production de la Société durant cette période:

EXERCICES	MINERAI	FONTE DE MOULAGE	FONTE D'AFFINAGE	FONTE THOMAS	FONTE O. S.	MOULAGES DE FONTE	ACIER	LAMINÉS
1880-1881	—	40.443	67.462	—	—	—	-	—
1881-1882	—	55.378	55.467	—	—	943	—	—
1882-1883	325.628	41.763	75.004	4.420	—	1.502	1.504	—
1883-1884	—	26.930	40.410	49 378	—	904	39.568	—
1884-1885	—	25.445	16.867	56.690	2.294	384	48.319	37.326
1885-1886	275.000	31.906	3.607	59.105	4.628	186	37.903	26.604
1886-1887	230.000	19.124	1.609	75.276	4.696	364	43.235	21.619
1887-1888	160.000	16.076	1.680	86.250	5.210	—	54.465	20.102
1888-1889	251.500	5.241	—	89.017	—	—	50.641	23.879

NOM DES SOCIÉTÉS MÉTALLURGIQUES DU BASSIN DE LONGWY	PRODUCTION DE FONTE						
	1881	1882	1883	1884	1885	1886	1887
Société des ACIÉRIES DE LONGWY..........	108.024	122.411	117.677	100.580	99.481	99.599	109.241
Société de la PROVIDENCE.................	56.903	59.412	57.578	55.332	40.193	31.341	28.820
Gustave RATY & Cie.....................	47.591	55.072	72.745	53 806	51.601	48.017	48.099
Société de SENELLE-MAUBEUGE.............	8.996	9.360	9.554	11.908	25.421	25.167	26.118
F. DE SAINTIGNON & Cie.....	26.991	39.830	38.043	37.736	23.885	22.548	24.352
FERRY-CURICQUE & Cie	43.971	59.529	60.221	61.980	43.716	44.777	43.766
LORRAINE INDUSTRIELLE	6.421	20.013	19.899	34.375	25.809	25.554	25.611
HAUTS FOURNEAUX DE LA CHIERS	—	—	29.174	52.410	30.126	28.706	32.286

Dans les premières années de son existence, la Société traversa cette crise que connaissent la plupart des affaires nouvelles et dont les causes sont multiples, et, en quelque sorte, classiques: difficulté de recrutement et de formation d'un personnel industriel dans une région jusque-là surtout agricole, mécomptes dans l'application de procédés inédits, malfaçons, rebuts, pertes d'exploitation, mise au point d'un outillage encore imparfait. Toutes ces raisons nécessitèrent l'investissement de capitaux dépassant largement les premières prévisions et inspirèrent l'hésitation, voire même le doute, dans l'avenir de l'entreprise.

Le fonds de roulement de 2 millions constitué par les versements en espèces de quelques fondateurs fut évidemment très insuffisant, et le 6 mars 1884, la Société portait son capital à 20 millions par l'émission de 10.000 actions nouvelles.

Le matériel primitivement équipé se montra souvent déficient et dut être parfois modifié; les perfectionnements qui y furent apportés amenèrent, il est vrai, une augmentation de production et un léger abaissement du prix de revient. Mais, à ce moment, une crise économique profonde, vint frapper le pays tout entier, et atteignit plus particulièrement l'industrie sidérurgique. Les grands travaux publics constituant le programme de FREYCINET, qui avaient amené pendant les années 1881, 82 et 83 un accroissement considérable des besoins en produits métallurgiques, furent brusquement interrompus; les clients ralentirent leurs commandes et les prix de vente s'effondrèrent.

Enfin, les Administrations consommatrices d'acier témoignaient d'une répugnance marquée à l'emploi du métal Thomas et les retards apportés dans les premières livraisons avaient fait mettre les Aciéries de Longwy presque complètement à l'écart des adjudications.

Aussi, les bénéfices décrurent-ils jusqu'à se transformer en une perte de 31.789 frs pour l'exercice 1887-1888. A ce moment, la situation devenait critique; le Conseil d'Administration, impuissant à enrayer la crise, et divisé sur les moyens propres à en atténuer les effets pour la Société, démissionna à l'Assemblée Générale du 30 août 1888.

M. A. DREUX

ADMINISTRATEUR - DIRECTEUR GÉNÉRAL
DE LA SOCIÉTÉ DES ACIÉRIES DE LONGWY
30 AOUT 1888

Lors du renouvellement de ce Conseil, dont M. Alfred LABBÉ fut nommé Président, M. A. DREUX, depuis 11 ans à la tête du Comptoir Métallurgique de Longwy, recueillit 1130 voix sur 1133 votants et fut choisi à l'unanimité comme Administrateur-Directeur Général.

Pendant plusieurs années, il eut à combattre les mêmes difficultés que ses prédécesseurs; mais les efforts qu'il déploya, aussi bien dans le domaine technique que dans la recherche de nouveaux débouchés, ne tardèrent pas à porter leurs fruits. D'heureuses modifications apportées au matériel conduisirent à une économie de main-d'œuvre et de matière; des améliorations dans la fabrication firent tomber les préventions contre les produits livrés par la Société; des prélèvements effectués sur les tôles et les profilés furent soumis au contrôle des Inspecteurs du Bureau Véritas qui attesta leur bonne qualité; enfin les grandes Compagnies de Chemins de fer françaises et étrangères, admirent le métal Thomas dans la construction de leur matériel.

De fait, le bilan de l'exercice 1888-1889 accusa un bénéfice de 471.104 frs.

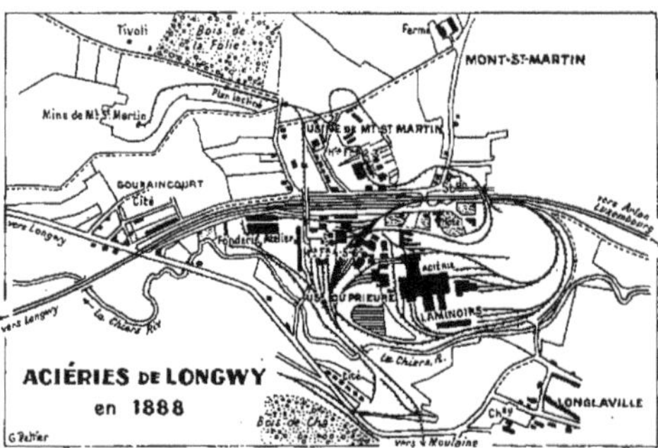

Pour répondre aux besoins d'une clientèle de plus en plus nombreuse, les Aciéries dûrent créer, en 1890, une première Aciérie Martin comportant un four Martin Siémens de 12 tonnes de capacité (fig. 29) et fabriquant des aciers de qualité spéciale pour tôles de chaudières à vapeur.

En 1893, fut mis en service un deuxième train universel: trio à 7 cylindres (3 horizontaux et 4 verticaux) pouvant laminer des larges-plats de 3 à 12 mm d'épaisseur et de 15 à 600 mm de largeur.

Dès cette année, les Aciéries de Longwy furent en mesure de fournir annuellement 42.000 tonnes de fonte et 72.000 tonnes d'acier.

En mars 1894, on installa une deuxième tôlerie (fig. 30): trio de 720 mm de diamètre et de 2 m de largeur de table, équipé spécialement pour la fabrication des tôles moyennes.

Le 3 janvier 1896, on inaugura un deuxième bassin de 3 convertisseurs de 15 tonnes à l'Aciérie Thomas (fig. 31). A dater de ce moment, la production mensuelle s'éleva à 12.000 tonnes de lingots d'acier.

La consommation d'acier continuant à croître, la Société fut amenée à procéder à de nouvelles installations :

Mise en service de 2 mélangeurs de fonte de 235 tonnes chacun à l'Aciérie Thomas fin 1898;

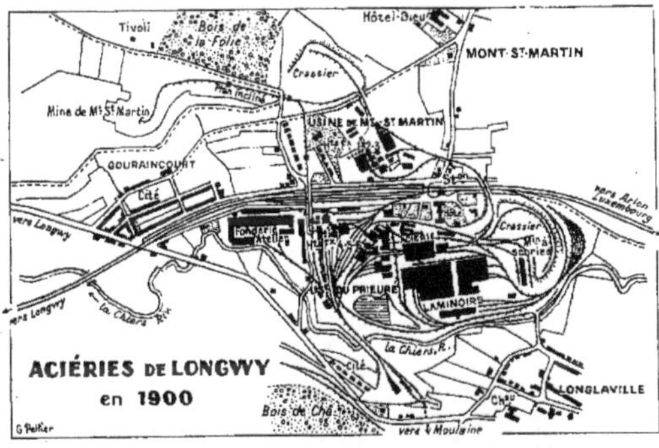

Remplacement des petits hauts-fourneaux datant de l'origine par d'autres de plus grande capacité;

Construction d'un grand haut-fourneau supplémentaire, le N° 8, mis à feu le 6 juillet 1904;

Installation d'un train cadet de 500 à 5 cages avec dégrossisseur de 2 cages, mis en action en avril 1902;

Mise en service en 1903 des premiers moteurs à gaz de hauts-fourneaux (fig. 34) destinés à être utilisés soit comme machines soufflantes, soit comme groupes électrogènes;

Agrandissement de la fonderie d'acier alimentée désormais par un four Siemens de 4 tonnes en remplacement des anciens creusets;

Installation de nouveaux broyeurs à scories capables d'une production journalière de 150 t, etc...

Simultanément, et tout en travaillant au développement de son outillage, la société se préoccupait d'assurer ses approvisionnements.

Elle participa aux recherches minières dans la région de Briey. Sur l'initiative de M. A. DREUX, des sondages furent entrepris à Fillières, Anderny, Tucquegnieux, Mairy et Houdelaincourt. Quatre d'entre eux aboutirent à la découverte de la mine de *Tucquegnieux*, dont les 1197 ha furent concédés le 31 mars 1899 aux Aciéries de Longwy. D'autre part, la concession de *Bettainvilliers* (463 hectares) fut achetée le 3 janvier 1908 à la Société Métallurgique de Gorcy.

Pour faciliter l'approvisionnement en coke de leurs hauts-fourneaux, les Aciéries contribuèrent, de concert avec quelques autres usines métallurgiques du bassin de Longwy, à la création de la *Société Lorraine de Carbonisation*, qui construisit une batterie de fours à coke à Auby, près Douai, au centre du bassin houiller.

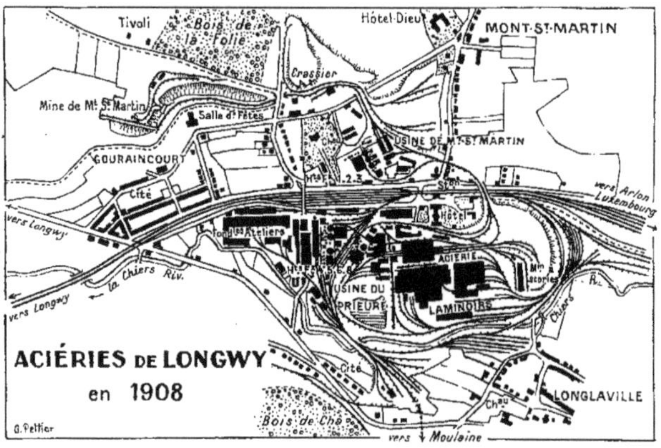

ACIÉRIES DE LONGWY en 1908

Il fallait couvrir les dépenses qu'entraînaient ces travaux de recherche et d'agrandissement, et les Aciéries de Longwy portèrent, en 1903, leur capital à 24 millions de francs. La marche florissante de la Société, qui s'était affirmée depuis quinze ans par l'accroissement de sa production et la distribution régulière de dividendes importants, lui permit de faire cette émission avec une prime de 250 frs par action ; de sorte que cette opération lui procura une somme de 6 millions.

Les Aciéries de Longwy étaient alors en pleine période de prospérité. Après les années difficiles du début, elles avaient vu, peu à peu, le succès couronner les efforts tenaces et éclairés de la direction. Des perfectionnements continuels avaient permis d'augmenter l'importance du tonnage fabriqué ; l'organisation administrative et commerciale avait été étendue et adaptée aux exigences d'une importante industrie ; enfin de nouvelles installations avaient été créées, augmentant notablement la capacité de production et améliorant dans une large mesure les conditions de fabrication. En résumé, grâce à une politique aussi ferme que prudente dans les différents domaines technique, financier et commercial, la société était définitivement assise sur des bases solides et, en 1908 déjà, elle prenait place dans les premiers rangs de la métallurgie française.

CLICHÉ BARCO

M. Ed. DREUX ✳
SOUS-DIRECTEUR DE LA SOCIÉTÉ EN 1898
ADMINISTRATEUR-DIRECTEUR GÉNÉRAL EN 1919

CHAPITRE VI

PÉRIODE DE MODERNISATION

IL semble qu'après un pareil effort les Aciéries de Longwy auraient pu ralentir leur mouvement ascensionnel; mais la métallurgie plus qu'aucune autre industrie doit sans cesse évoluer et se transformer.

En 1908, M. Edouard DREUX, ingénieur des Arts et Manufactures, préparé par de solides études techniques et des stages effectués dans de grandes usines, en Belgique, en Allemagne, et en Amérique, fut nommé sous-directeur de la Société. Dès son entrée en fonctions, il entreprit l'œuvre de rénovation nécessaire pour perfectionner l'outillage et le mettre au niveau de celui des usines métallurgiques étrangères. Pour augmenter la production des hauts-fourneaux et des aciéries et assurer plus économiquement le laminage, il s'attacha à la réalisation du programme suivant:

La reconstruction successive des anciens hauts-fourneaux fut entreprise; ils furent rehaussés et dotés d'appareils Cowper de 30 mètres de hauteur; de sorte que leur capacité de production se trouva triplée. Le N° 6 fut doté d'un appareil de chargement mécanique (fig. 38); un neuvième haut-fourneau installé à l'usine de Moulaine, à côté du N° 7, fut mis à feu le 10 février 1913.

Pour abaisser le prix de transport du minerai, on adopta des wagons de 40 tonnes à déchargement automatique.

A côté des moteurs à gaz de hauts-fourneaux de 800 CV, installés à titre d'essai en 1903, furent placés des groupes puissants de 2200 et 6000 CV (fig. 39, 40 et 41), utilisés,

STATION C (1903)

STATION D (1908)

STATION E (1912)

les uns comme soufflantes de hauts-fourneaux, les autres comme groupes électrogènes, alimentant les moteurs des laminoirs. Cette innovation entraîna une économie considérable de combustible par la suppression presque totale des machines à vapeur.

A l'Aciérie Thomas, on avait envisagé de substituer aux 6 convertisseurs de 15 tonnes, un nombre égal de cornues de 24 tonnes disposées en ligne. La coulée au lieu de se faire autour d'un bassin circulaire aurait été assurée par un pont-roulant amenant la poche sous le convertisseur pour la transporter ensuite au-dessus des lingotières disposées le long des bancs de coulée; cette installation était prête à fonctionner au moment de la déclaration de guerre.

L'ancienne aciérie Martin et son four de 20 tonnes furent remplacés par une aciérie importante permettant une production de 170 à 200.000 tonnes, dont les premiers fours furent mis à feu en mars 1913.

En avril 1911, les laminoirs furent complétés par des trains semi-continus pour aciers marchands.

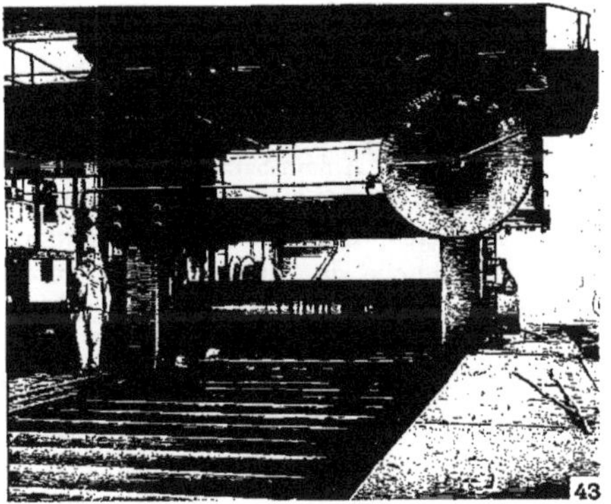

On installa, au début de 1914, un second blooming (fig. 42) destiné à remplacer le blooming I, et une tôlerie III (fig. 43) capable de fabriquer les tôles des plus grandes dimensions; enfin, on préparait l'installation d'un laminoir reversible que devait alimenter un troisième blooming plus puissant encore que le précédent.

Pendant que se poursuivait la rénovation du matériel et de l'outillage, la Société ne perdait pas de vue la question de ses approvisionnements. Le grand souci de ses dirigeants fut de s'assurer, dans toute la mesure du possible, l'indépendance dans les achats de matières premières. A cet effet, les mines du Bassin de Briey (Tucquegnieux et Valleroy) furent équipées en vue d'une production intensive.

Des participations importantes furent prises dans divers charbonnages et, en particulier, un quart ferme, avec option pour un second quart, dans la concession de *Carl-Alexander*, située dans le bassin d'Aix-la-Chapelle.

Après avoir créé la *Société Lorraine de Carbonisation* à *Auby* qui traitait les charbons du Nord et du Pas-de-Calais, la Société des Aciéries de Longwy constitua en 1911, avec les mêmes co-associés, l'*Association Zélandaise de Carbonisation* à *Sluiskil-Terneuzen* (Hollande), pour la fabrication du coke par la distillation des charbons anglais et allemands.

Elle contribua aux recherches minières entreprises en Bretagne et qui aboutirent à la reconnaissance d'un gisement beaucoup plus vaste que le bassin lorrain, mais plus irrégulier et d'exploitation plus difficile. Elle prit une part dans la constitution de la *Compagnie Franco-Marocaine* et dans la *Société des Mines de Heras-Santander* qui exploitent des gisements de minerai hématite.

Enfin, elle participa à la création de la *Société des Produits Réfractaires de Longwy*.

En résumé, la consistance des Aciéries de Longwy à la veille de la grande guerre, se présentait comme suit:

CONCESSIONS MINIÈRES — La Société était propriétaire des Mines de fer de:

    Mont-Saint-Martin (concession du 17 septembre 1864) . . 626 ha

    Herserange (concession du 13 juillet 1870) . . . . . . 433 »

    Moulaine (concession du 1ᵉʳ février 1868) . . . . 371 »

    Tucquegnieux (concession du 31 mars 1899) . . . . . . 1197 »

    Bettainvillers (concession du 20 mars 1900) . . . . . . 463 »

De plus elle était co-propriétaire de différentes concessions minières dans les proportions suivantes :

    Hussigny (concession du 3 janvier 1875) . . . 50 % sur 206 ha

    Godbrange (concession du 10 octobre 1878) . 17,14 % sur 950 »

    Tiercelet (concession du 10 mars 1886) . . . 4 % sur 769 »

    Valleroy (concession du 10 mars 1886) . . . 50 % sur 886 »

et des concessions houillères suivantes:

    Carl-Alexander, moitié, dont un quart à option, sur 3586 ha

    Gouy-Servins . . . . 7,68 % sur 1870 »

    Fresnicourt . . . . 9,525 % sur 2460 »

    Ablain-Saint-Nazaire . . . . . . 9,525 % sur 2140 »

FOURS A COKE — La Société des Aciéries de Longwy a une participation de 58 % dans la Société Lorraine de Carbonisation à Auby, dont les fours ont une capacité de production annuelle de 200.000 tonnes, et une part d'un tiers dans l'Association Zélandaise de Carbonisation à Sluiskil qui produit annuellement 300.000 tonnes de coke métallurgique.

HAUTS-FOURNEAUX — 9 hauts-fourneaux (3 à Mont-Saint-Martin [fig. 44], 4 au Prieuré [fig. 45], 2 à Moulaine) d'une production journalière totale de 1200 tonnes de fonte Thomas et de fonte de moulage.

ACIÉRIES DE LONGWY
LES USINES DE MONT-SAINT-MARTIN EN 1914

MOTEURS A GAZ — 3 stations de moteurs à gaz comprenant: 8 machines soufflantes d'une puissance totale de 11.000 CV, 11 groupes électrogènes d'une puissance totale de 26.500 CV.

ACIÉRIE THOMAS — 2 mélangeurs de 240 tonnes; 4 convertisseurs de 24 tonnes; 3 convertisseurs de 18 tonnes; 2 cubilots à fonte, 1 cubilot à Spiegel. Capacité de production mensuelle totale de 30.000 tonnes.

ACIÉRIE MARTIN (fig. 47 et 48) — 1 mélangeur préaffineur de 350 tonnes; 3 fours oscillants à sole basique de 60 tonnes; 2 fours fixes à sole basique de 25 tonnes.

Cette installation, dont la construction venait d'être terminée en 1914, était à l'époque la plus puissante de France; sa capacité de production mensuelle était de 15 à 18.000 tonnes.

LAMINOIRS — Les installations de laminage comportaient 14 trains de laminoirs énumérés ci-après:

2 bloomings de 1 m 10 de diamètre,

Un troisième blooming allait être livré au moment de la déclaration de guerre,

Un train à grosses tôles de 4 m de table et de 1 m 125 de diamètre,

Un train à tôles, de 2 m 60 de table et de 850 mm de diamètre,

Un train trio à tôles moyennes, de 2 m de table et de 740 mm de diamètre,

Un train universel, de 1 m de table et de 740 mm de diamètre, pour la fabrication des larges-plats,

Un train reversible, de 750 mm de diamètre et de 2 mètres de table, pour rails, traverses de chemins de fer et grosses poutrelles,

Un train trio de 600 mm, pour rails et poutrelles de poids moyens et pour aciers marchands,

2 trains marchands, comprenant un dégrossisseur et 2 finisseurs, un de 500 mm et l'autre de 400 mm, pour profilés et aciers marchands,

Un ensemble de 3 trains semi-continus de 380, 320 et 260 desservis par un dégrossisseur continu de 410, pour la production intensive des petits fers marchands,

Un train machine.

A ces laminoirs étaient annexés divers ateliers de finissage pour le parachèvement des rails, éclisses, traverses, etc., des laboratoires d'essais chimiques et physiques.

Les produits laminés étaient emmagasinés sur des parcs d'une superficie de 80.000 m² dont 35.000 entièrement couverts, tous dotés de moyens puissants de manutention mécanique.

ATELIERS ET FONDERIES — Indépendamment des installations nécessaires à la fabrication de la fonte de moulage et de l'acier laminé, la Société des Aciéries de Longwy disposait d'ateliers de construction (fig. 49) et de chaudronnerie utilisés pour la réparation du matériel, auxquels étaient jointes une fonderie de fonte (fig. 50) d'une capacité de production mensuelle de 1200 tonnes, une fonderie d'acier (fig. 51) pouvant fabriquer 350 tonnes de moulages et une fonderie de bronze pouvant fournir 15 tonnes mensuellement.

ATELIERS ANNEXES — Ceux-ci comprenaient:

Des moulins à scories (fig. 52) comportant une installation de broyage susceptible de moudre 4.200 tonnes par mois.

1 briqueterie pour la fabrication des briques de laitier et des pierres artificielles pouvant produire 1 million de briques par mois.

3 usines de concassage et de triage mécanique du laitier, d'une capacité de production de 25.000 tonnes par mois.

Un atelier spécialement équipé pour la fabrication de la voie montée pour entrepreneurs (500 tonnes par mois).

CHEMINS DE FER — Le développement total des voies normales accessibles au matériel des Chemins de Fer de l'Est était alors de 65 kilomètres. La traction intérieure était assurée par 26 locomotives de 20 à 60 tonnes, et par 500 wagons particuliers. Pour l'entretien de ce matériel important, la Société des Aciéries de Longwy disposait d'ateliers de réparations de 4.000 mètres carrés de superficie.

Le chemin parcouru par la Société depuis sa constitution grâce à l'impulsion puissante de MM. A. et ED. DREUX est mis en évidence par les chiffres du tableau ci-après et les graphiques et table des pages 39 et 40.

	EXERCICES			
	1883–84	1888–89	1907–08	1913–14
	TONNES	TONNES	TONNES	TONNES
Minerai	325.629	251.500	886.104	1.565.000
Fonte	117.623	96.261	268.130	361.860
Lingots d'acier	31.117	50.641	252.119	325.558
Laminés	17.000	23.879	216.788	253.688
Effectif ouvrier	1.280	—	—	7.011

PRODUCTION DE LA SOCIÉTÉ DE 1881 à 1914

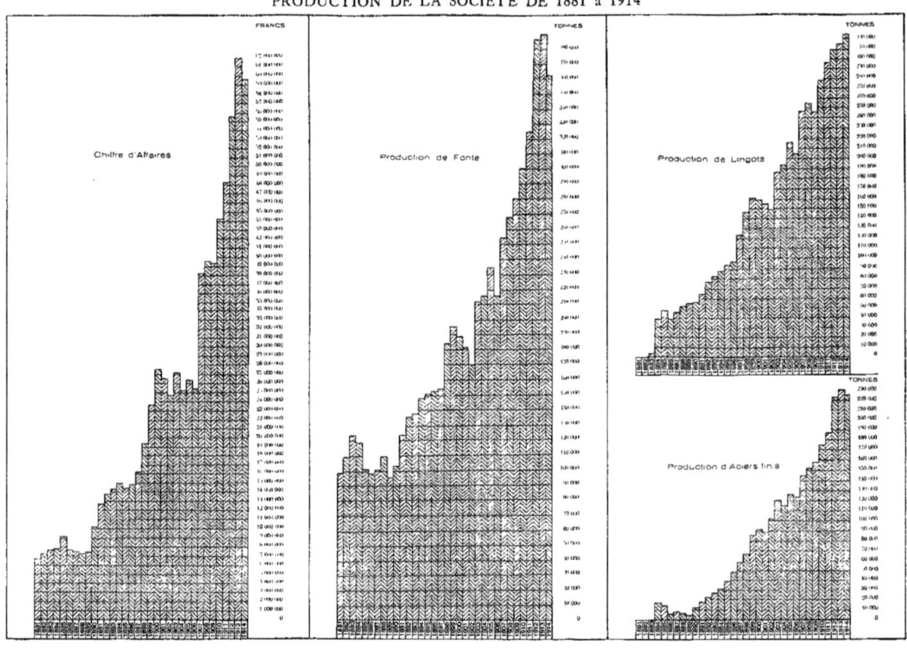

RÉSUMÉ FINANCIER

Numéros	Exercice au 30 avril des années	CAPITAL-ACTIONS	OBLIGATIONS en circulation	RÉSULTATS Bénéfices	RÉSULTATS Pertes	DIVIDENDES	DÉPENSES d'Immobilisation et de Constructions nouvelles	AMORTISSEMENTS sur comptes d'Immobilisation, de Constructions nouvelles et de premier établissement	AMORTISSEMENTS DIVERS	Fonds de réserve légale	Fonds de prévisions pour réfection de travaux	Fonds de prévisions pour fournitures garanties	Fonds de prévoyance (art. 49 et 51 des statuts)	Fonds de prévoyance (art. 49)	Fonds de prévisions diverses	Fonds d'institutions ouvrières et patronales	Fonds de réserve spéciale (Primes d'emission)	Fonds de prévision extra-ordinaire pr Domaine minier (Propriétés et participations)	TOTAUX
1	1881	15.000.000	3.250.000	1.588.043,94	—	1.350.000	72.106,17	—	151.730,41	15.532,35	—	—	—	—	—	—	—	—	15.532,33
2	1882	15.000.000	3.250.000	1.586.043,74	—	1.350.000	119.098,60	119.098,60	189.187,80	83.372,31	18.555,72	—	—	—	—	—	—	—	101.928,03
3	1883	15.000.000	5.000.000	1.095.855,95	—	750.000	294.882,05	—	331.673,44	160.181,58	18.684,62	21.000,00	—	—	—	—	—	—	207.866,10
4	1884	15.000.000	5.000.000	485.963,86	—	—	504.607,42	100.000,00	977.463,48	232.033,24	79.425,51	33.821,33	—	—	—	—	—	—	346.180,08
5	1885	20.000.000	4.867.000	748.311,70	—	450.000	1.182.821,22	43.652,23	170.925,76	267.520,08	—	33.821,33	—	—	—	—	—	—	301.342,01
6	1886	20.000.000	4.720.500	639.700,36	—	340.000	224.945,41	47.096,46	160.201,83	309.039,06	—	33.821,33	—	—	—	—	—	—	342.860,39
7	1887	20.000.000	4.540.000	336.773,90	—	—	462.555,57	111.960,36	212.446,02	332.952,08	—	33.821,33	—	—	—	—	—	—	366.773,41
8	1888	20.000.000	4.371.000	—	31.789,28	—	905.274,76	440.718,32	502.724,02	368.879,87	—	33.821,33	—	—	—	—	—	—	402.701,20
9	1889	20.000.000	4.161.500	471.104,02	—	—	122.226,74	503.212,00	811.019,04	165.454,19	—	34.158,33	—	—	—	—	—	—	198.912,52
10	1890	20.000.000	4.051.000	809.705,85	—	—	87.877,08	154.165,30	943.780,29	243.211,28	95.740,36	32.885,29	—	—	—	—	—	—	371.820,88
11	1891	20.000.000	3.878.000	2.222.118,44	—	1.000.000	222.976,40	657.694,17	1.246.360,80	330.409,64	75.000,00	25.292,12	73.342,06	—	—	—	—	—	523.963,82
12	1892	20.000.000	3.662.000	3.042.375,04	—	1.000.000	636.895,93	459.559,74	854.856,43	502.630,40	80.000,00	25.292,12	673.342,06	551.648,71	—	—	—	—	1.832.832,29
13	1893	20.000.000	3.432.000	3.727.534,44	—	1.400.000	900.761,82	1.754.818,59	2.207.076,38	693.430,06	80.000,00	40.000,00	1.200.000,00	60.342,82	—	—	—	—	2.074.342,88
14	1894	20.000.000	3.190.500	4.023.864,18	—	1.400.000	1.432.737,45	1.078.840,73	2.329.024,77	306.085,46	80.000,00	50.000,00	1.300.000,00	39.435,67	20.000,00	50.000,00	—	—	2.375.221,13
15	1895	20.000.000	2.817.000	3.494.823,91	—	1.400.000	1.885.003,29	1.559.004,75	1.998.554,49	1.100.784,71	80.000,00	60.000,00	1.200.000,00	8.494,03	43.420,16	100.000,00	—	—	2.504.100,20
16	1896	20.000.000	2.671.000	2.777.905,50	—	1.400.000	1.503.563,52	961.888,38	1.480.988,47	1.286.186,32	80.000,00	60.000,00	1.200.000,00	—	27.013,12	112.000,00	—	—	2.775.205,44
17	1897	20.000.000	2.391.500	3.147.934,87	—	1.400.000	1.374.377,65	1.258.502,88	1.663.915,70	1.456.022,02	80.000,00	60.000,00	1.200.000,00	—	19.340,31	181.840,03	—	—	3.030.372,33
18	1898	20.000.000	2.098.000	4.125.563,73	—	1.400.000	1.355.809,56	2.086.682,29	2.406.536,19	1.701.616,10	80.000,00	60.000,00	1.200.000,00	31.218,90	40.398,46	228.536,94	—	—	3.333.560,16
19	1899	20.000.000	1.789.500	5.646.203,26	—	1.800.000	1.922.989,87	3.203.602,36	3.577.770,46	2.032.307,70	156.015,85	60.000,00	1.200.000,00	—	26.709,34	—	—	—	3.475.632,89
20	1900	20.000.000	1.465.500	7.235.854,74	—	2.000.000	2.160.752,56	1.830.278,25	2.529.009,27	2.453.923,40	100.000,00	34.226,04	2.000.000,00	1.279.072,40	21.432,08	100.000,00	—	—	6.013.556,01
21	1901	20.000.000	1.125.500	6.372.898,13	—	2.000.000	4.482.054,07	1.615.064,14	2.289.029,21	2.848.428,97	112.286,21	38.226,04	2.000.000,00	2.892.878,07	62.907,30	203.000,00	—	—	8.177.728,59
22	1902	20.000.000	3.068.500	4.221.285,21	—	1.600.000	2.560.677,20	4.214.896,01	4.808.563,19	3.150.280,37	100.000,00	60.000,00	2.000.000,00	238.504,12	50.000,00	344.264,80	—	—	5.913.043,29
23	1903	20.000.000	3.393.500	5.076.996,43	—	1.800.000	2.618.359,72	1.316.147,26	1.797.399,50	3.506.083,07	100.000,00	60.000,00	2.000.000,00	1.353.313,44	51.681,55	373.049,65	—	—	7.444.747,71
24	1904	24.000.000	3.000.000	4.260.032,13	—	1.922.500	4.403.504,51	1.453.108,76	1.804.774,64	3.811.211,32	180.794,68	60.000,00	2.000.000,00	1.943.441,76	29.274,67	—	2.000.000,00	—	10.054.696,23
25	1905	24.000.000	3.000.000	4.811.832,51	—	2.103.760	4.105.120,20	1.156.064,52	1.483.180,82	4.000.000,00	268.239,79	60.000,00	2.000.000,00	2.820.852,83	19.786,91	541.000,00	2.000.000,00	—	11.218.859,53
26	1906	24.000.000	3.000.000	3.887.930,26	—	1.920.000	3.970.136,85	1.258.898,27	1.527.091,28	4.000.000,00	366.344,14	60.000,00	2.000.000,00	2.856.556,85	107.292,37	76.500,00	2.000.000,00	—	11.566.932,36
27	1907	24.000.000	2.750.500	8.043.462,37	—	2.500.000	3.608.181,50	3.370.580,45	4.066.900,72	4.000.000,00	216.584,56	100.000,00	2.000.000,00	3.681.738,02	383.166,66	278.705,00	2.000.000,00	—	12.663.304,24
28	1908	24.000.000	2.480.500	6.194.403,11	—	2.400.000	3.425.600,72	5.173.974,72	5.585.138,64	4.000.000,00	216.804,19	100.000,00	2.000.000,00	1.119.080,94	808.666,65	387.158,83	2.000.000,00	8.000.000,00	18.619.312,09
29	1909	24.000.000	4.720.000	5.822.006,47	—	2.400.000	3.237.150,43	2.330.948,57	1.887.082,92	4.000.000,00	216.804,19	100.000,00	2.000.000,00	1.831.815,23	95.736,87	479.084,40	2.000.000,00	8.000.000,00	18.754.982,09
30	1910	24.000.000	4.430.000	8.233.844,59	—	2.400.000	5.414.739,54	1.271.910,01	1.925.836,67	4.000.000,00	285.644,06	100.000,00	2.000.000,00	4.782.364,93	151.806,37	491.307,94	2.000.000,00	8.000.000,00	21.811.123,40
31	1911	24.000.000	10.116.500	9.227.630,30	—	2.400.000	11.226.853,44	4.587.963,89	3.303.986,88	4.000.000,00	355.322,58	100.000,00	2.000.000,00	5.596.289,74	123.395,07	729.343,80	2.000.000,00	8.000.000,00	22.834.301,19
32	1912	24.000.000	14.842.500	10.393.525,70	—	2.880.000	9.834.405,82	2.682.307,07	3.753.472,37	4.000.000,00	425.437,44	100.000,00	2.000.000,00	8.521.534,12	108.984,47	960.630,55	2.000.000,00	8.000.000,00	24.118.544,55
33	1913	24.000.000	14.726.500	12.834.974,93	—	2.880.000	11.627.086,08	11.120.627,44	12.417.933,11	4.000.000,00	1.004.903,64	100.000,00	2.000.000,00	5.675.985,45	107.415,85	977.249,32	2.000.000,00	8.000.000,00	22.995.701,26
34	1914	30.000.000	14.447.500	7.054.515,06	—	2.880.000	9.832.802,15	5.252.956,76	3.074.763,17	4.000.000,00	1.115.174,18	100.000,00	2.000.000,00	7.655.795,94	114.954,70	1.127.455,21	11.000.000,00	8.000.000,00	24.507.218,41
	Totaux			145.429.744,62	31.789,28	50.426.200	87.710.234,20	64.067.517,04	77.534.220,2?										

CHAPITRE VII

LES ACIÉRIES DE LONGWY
PENDANT LA GUERRE DE 1914-1918

SOUDAIN, la guerre éclate : dès les premiers jours, la vieille forteresse de Vauban, défendue seulement par 3.561 hommes, 12 canons de 120, 6 mortiers de 12 et 32 canons de 95 et 90 est investie par l'Armée du Kronprinz (V° Armée). Soumise à un bombardement continu à partir du 20 août par des batteries allemandes de 150, 210 et 305, installées en Belgique, elle doit capituler le 26, après une héroïque résistance et une destruction complète. Le même jour, les ennemis s'installent à Mont-Saint-Martin et prennent possession des usines des Aciéries de Longwy.

C'est alors que M. A. DREUX, après avoir pris les mesures de sauvegarde nécessaires et ne voulant pas rester inactif, se propose d'effectuer des réparations générales pendant la durée des hostilités qu'on croyait alors devoir être assez brèves. Il espérait ainsi pouvoir reprendre activement la fabrication dès la signature de la paix. Mais il avait compté, hélas, sans les calculs de l'ennemi, qui ne tarda pas à poursuivre un but exactement contraire !

L'histoire de l'occupation des usines de Mont-Saint-Martin comprend deux périodes : l'une de spoliation, de septembre 1914 au 18 novembre 1916 ; l'autre de dévastation, de cette dernière date à l'armistice.

Les renseignements sur cette époque douloureuse sont extraits d'un document d'un intérêt exceptionnel : le journal de l'occupation, tenu chaque jour par M. A. DREUX, qui y relate longuement le martyre de ses usines.

Pendant la première période, l'autorité allemande procède, aux Aciéries comme dans toute la région occupée, à des enlèvements progressifs de matières premières destinées à l'approvisionnement des armées, de l'industrie et du commerce germaniques. A ce moment, le Gouvernement Impérial, caressant l'espoir d'annexer la région industrielle de l'Est, se garde bien de procéder à des destructions capables de ruiner les usines.

Le 22 octobre 1914, après quelques réquisitions sans grande importance, une ordonnance du Gouverneur de Metz crée la « Schutzverwaltung der französischen Bergs- und Hüttenbetriebe » (Société de protection des Mines et Usines françaises) chargée officiellement de veiller à la protection ?!! des usines, d'empêcher toute dégradation, mais qui, en réalité, exécute l'arrêté impérial, ordonnant de saisir les provisions des usines situées en territoire français occupé et de les acheminer vers l'Allemagne. Ce même organisme contrôle l'exploitation de quelques mines de fer, dont la production est destinée à alimenter la métallurgie rhénane.

La « Schutzverwaltung », qui a établi des bureaux à Longwy, réquisitionne: le 1er novembre 1914, les tôles d'acier; le 25 novembre, la fonte brute ou ouvrée, l'acier brut, les demi-produits et les produits finis; le 4 décembre, les scories brutes et moulues et les sacs nécessaires à leur transport; le 14 décembre, les voies montées portatives et leurs accessoires; le 23 décembre, les tours et machines-outils, les lingotières, la fonte hématite, le spiegel. Ce matériel, immédiatement recensé, est expédié au fur et à mesure de la réception des ordres.

Pendant cette première phase de l'occupation allemande, les usines jouissent d'une liberté relative; les bureaux sont laissés à leur disposition ainsi que le personnel non mobilisé; quelques ouvriers sont cependant occupés à divers travaux ordonnés par les Allemands.

Avec la nomination du Dr LILGE à la « Schutz » de Longwy, le 21 février 1915, commence une série de sévices et d'exigences inconsidérées, qui amènent des conflits journaliers entre l'administration allemande et les dirigeants de l'usine.

Le personnel des aciéries est placé progressivement sous les ordres de l'autorité allemande; les expéditions du matériel réquisitionné s'accélèrent et les stocks s'épuisent rapidement.

La résistance apportée à l'exécution de leurs ordres irrite les autorités allemandes qui enlèvent à la Société quelques-unes de ses dernières libertés. A partir du 29 mai 1915, les Aciéries doivent communiquer chaque semaine le programme des travaux à exécuter la semaine suivante et le résumé des travaux de la précédente; défense formelle est faite d'employer quoi que ce soit sans autorisation préalable des Allemands.

Le 25 juillet 1915, l'Intendance prend possession des ateliers du chemin de fer, pour y installer une fabrique de marmelade, une distillerie, un séchoir à légumes, etc....; le 4 juillet 1916, des ateliers de réparation de matériel de guerre sont installés à la forge; le 8, ordre est donné d'évacuer les laminoirs semi-continus, les hauts-fourneaux N° 1, 2 et 3, la mine du Coulmy, toute la partie de l'usine située au nord de la voie ferrée Longwy-Luxembourg, et les bureaux se trouvant à l'intérieur de l'usine. Les Allemands y placent un parc de pionniers et un dépôt de munitions.

Elargissant le texte de la circulaire du 24 octobre 1914, les Allemands exigent, le 9 septembre 1915, que les laminoirs soient démontés et prêts à l'expédition; le 23 octobre, c'est le tour des appareils téléphoniques; le 29 janvier 1916, des appareils électriques. Les expéditions quotidiennes atteignent des chiffres considérables; il faut payer une équipe spéciale d'employés pour répondre aux injonctions de la « Schutz » en matière d'inventaire.

Prétextant divers incidents inévitables devant l'attitude de plus en plus vexatoire des autorités allemandes, le lieutenant KOSKA, qui avait remplacé le Dr LILGE à la tête de la « Schutz », lance, le 13 mai 1916, une circulaire qui consacre définitivement la mainmise de l'envahisseur sur les propriétés françaises:

« Les usines soumises à la « Schutzverwaltung » doivent se conformer strictement à nos instructions et exécuter nos ordres de la façon la plus formelle... L'indépendance de la Direction des usines est supprimée...; elle n'est vis-à-vis de nous qu'un organisme d'exécution. Les directeurs des usines sont responsables...; ils doivent veiller à l'exécution des mesures ordonnées...; rien ne doit se produire dans les usines, rien ne doit y arriver où y être exécuté sans que nous en ayons connaissance...; tout rapport direct des usines avec des personnes ou services quelconques est inadmissible, sans notre approbation formelle...; nous ne souffrirons pas l'inexécution des ordres donnés et infligerons des peines sensibles en cas de contravention à leur exécution ».

Cet ordre allait entraîner tous les abus, toutes les vexations qu'on peut imaginer et notamment la réquisition des dessins et des plans des usines, malgré la plus énergique résistance.

En même temps, l'échec de l'offensive allemande sur Verdun amène Berlin à modifier son attitude. Ordre est donné de démonter les machines les plus perfectionnées pour les réinstaller en Allemagne et de briser les autres, afin de les envoyer à la refonte.

Lorsque les perspectives d'annexion s'évanouissent, les mesures s'aggravent: l'Allemagne veut ruiner irrémédiablement l'industrie française, cherchant à l'écarter du marché économique d'après guerre. Conformément à ces vues, les destructions se multiplient jusqu'au dernier jour, avec une hâte de plus en plus fébrile.

Le 18 novembre 1916, une circulaire de la « Schutz » ordonne l'enlèvement des machines et installations métallurgiques, sous le prétexte « que les attaques répétées des avions ennemis.... obligent l'Administration allemande à transporter en réserve les installations des usines dans des régions de l'Allemagne plus éloignées du front » !!...

Pour l'exécution de ce plan la « Schutz » fait place à la « Rohstoffe und Maschinenverwertungsstelle » (Rohma). On enlève tout d'abord les cylindres de laminoirs (17 janvier 1917); ces derniers sont ainsi mis hors d'état de reprendre leurs fabrications avant de très longs mois; puis il est ordonné de démolir ou d'enlever les poches de coulée, les ponts-roulants, les wagons, les fours Martin, les bloomings.

L'agonie des usines commence.

Des prisonniers français et russes sont amenés et placés, comme le personnel local, sous la conduite et la surveillance de soldats allemands, pour activer les démontages et les démolitions.

Les amendes infligées à M. A. Dreux et au personnel, les extorsions, les arrestations arbitraires vont de pair avec le pillage et les destructions. Perception des impôts au profit de l'envahisseur; taxation des communes voisines, pour lesquelles les aciéries doivent se porter garantes; obligation, pour la caisse de l'Usine, de payer les salaires du personnel occupé par les Allemands à la destruction du matériel, et de rembourser par moitié les avances faites par la « Rohma ».

Les personnes ne sont pas mieux traitées que les biens; sur le plus léger soupçon, au moindre prétexte, les injures, les menaces, les amendes pleuvent. Certains subordonnés de la « Schutz » ou de la « Rohma », les sous-officiers Hoffmann et Doderlein, le lieutenant Kremer, le commissaire Dreier, se distinguent par leur rudesse et leur arrogance. M. A. Dreux est incarcéré deux fois, mis au secret, et doit comparaître à plusieurs reprises devant un Conseil de guerre. Ingénieurs, contremaîtres et ouvriers partagent le même sort; plusieurs, dont le directeur Sabas, les électriciens Latour et Richard, le contremaître Postal, le chauffeur Hartert sont durement condamnés et subissent de longues détentions.

Seul, l'armistice devait mettre fin à ce pillage et à ces sévices. Mais lorsque l'ennemi évacue les usines, le 16 novembre 1918, il laisse derrière lui un spectacle inoubliable de désolation.

HAUTS-FOURNEAUX — Les hauts-fourneaux 1, 4 et 5 n'ont pas été détruits. Par contre, du fourneau N° 2, il ne reste que la carcasse, la garniture réfractaire et 2 appareils Cowper (fig. 53); les 5 Cowpers du fourneau N° 3 ont été abattus en 1918; les coquilles et gueusards des halles de coulées de ce groupe ont disparu; 3 chaudières sont brisées et 2 autres privées de leur corps; 4 soufflantes à vapeur et 4 pompes n'existent plus. A l'épuration les tuyauteries sont démontées et 3 pompes centrifuges enlevées.

Au Prieuré, les fourneaux 4 et 5 sont en bon état, et le N° 6 a peu souffert. Mais de juin à août 1918, les Allemands ont expédié à Duisbourg la maçonnerie réfractaire du fourneau N° 8; 6 pompes, 1 soufflante à vapeur de 1200 CV et 4 soufflantes à gaz de 1200 CV desservant les fourneaux 4, 5 et 8 ont été démolies (fig. 54 et 55).

La maçonnerie réfractaire du fourneau N° 7 (fig. 56) a été transportée également à Duisbourg en 1918; les coquilles et gueusards, la toiture de la halle de coulée du N° 9 sont enlevés, 4 pompes et 3 soufflantes démolies.

ACIÉRIE THOMAS — Les trois convertisseurs de 18 tonnes, leurs commandes, les monte-charges, les cubilots, une partie du briquetage des mélangeurs sont démolis, ainsi que les planchers des 3 premiers convertisseurs et le transporteur à chaux (fig. 57).

Les 4 convertisseurs de 24 tonnes sont à Hayange; quant au pont-roulant de 20 tonnes de la halle des lingotières, avec une grande partie de la toiture, les machines, broyeurs, mélangeurs et presses de l'atelier basique, ils ont pris le chemin de l'Allemagne. Les deux soufflantes à vapeur et les 4 pompes de compression ont été brisées.

ACIÉRIE MARTIN — Là, le spectacle est particulièrement navrant. De cette superbe installation à peine terminée en juillet 1914, il ne reste que quelques colonnes et charpentes que les Allemands n'ont pas eu le temps

de démonter. Certaines de ces colonnes ont été coupées au chalumeau à un mètre du sol, ainsi qu'on peut le constater sur la partie droite de la fig. 58. Le surplus, fours, gazogènes, tuyauteries, halles, etc., a été transporté en Allemagne.

LAMINOIRS — Aux laminoirs, la situation n'est pas moins pitoyable. Le blooming I, la tôlerie I de 850 et leur machine à vapeur ont été brisées; les cisailles à tôles mises à la disposition de Thyssen. Il en est de même du train réversible et de sa machine de 500 CV, du train universel de 740, de la tôlerie II (fig. 59) et de leurs moteurs de 1000 CV chacun.

Le blooming II (fig. 60) et la tôlerie III, de 4 m de table (fig. 61), capable de laminer des lingots de 20 tonnes, ont été transportés aux usines de Borsig (Haute-Silésie), ainsi que leur puissant outillage et leur moteur électrique réversible de 1700 CV.

Les laminoirs continus à fers marchands ont été démontés et expédiés entièrement en Allemagne (figures N°s 62 et 63).

La destruction du train trio est complète (fig. 64) sauf le moteur électrique de 1000 CV, également transporté en Allemagne.

Les deux trains cadets de 500 et 400 sont brisés (fig. 65) et leur moteur de 1500 CV mis à la disposition des usines Phœnix de Dusseldorf. Le train machine, sauf les moteurs, a subi le même sort.

Chaque fois qu'il a eu le temps, l'ennemi a fait sauter les fondations à la dynamite.

Les tours à cylindres, les fours à réchauffer et les ponts-roulants desservant les laminoirs n'ont pas été épargnés (fig. 66).

Les fonderies, les stations électriques ont été vidées de leur matériel.

Les moteurs à gaz de 800 CV de la station 1903 sont démolis (fig. 67); le groupe à gaz de 6000 CV a été démonté (fig. 68) et envoyé à Dusseldorf en 1918; toutes les machines moins importantes qui n'ont pas été brisées ont été disséminées en Allemagne.

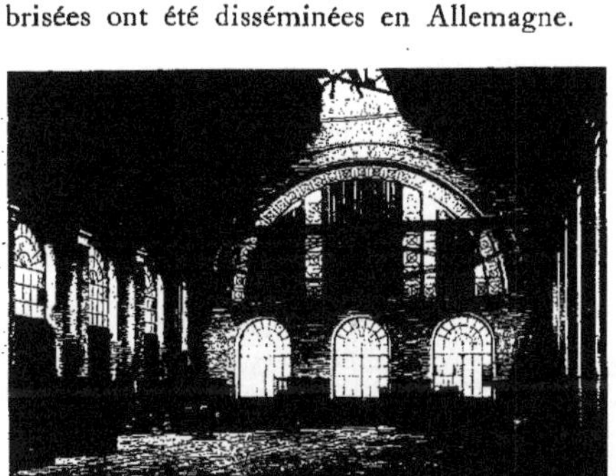

Au total il a été enlevé 180.000 tonnes de matières premières et 80.000 de matériel et outillage.

* *

Tandis que l'usine principale était ainsi dévastée et que son directeur assistait impuissant à la destruction de son œuvre, la Société allait cependant concourir à la défense nationale en contribuant à l'approvisionnement des armées en munitions.

M. Paul LABBÉ, administrateur et M. Edouard DREUX, alors sous-directeur de la Société, tous deux mobilisés dès le début de la guerre comme officiers d'artillerie, furent invités en 1915 par le Ministère de l'Armement à coopérer à la fabrication du matériel de guerre et en particulier des projectiles lourds. Un autre administrateur, resté en France libre, M. le Comte DE SAINT-QUENTIN, se joignit à eux pour constituer une délégation de fait du Conseil d'Administration.

Ils décidèrent, en août 1915, la création d'une première usine à Aubervilliers. Grâce à leur initiative et à leur activité, cette usine fut mise en état de marche dans un délai réduit.

Utilisant des terrains d'une superficie de 2.250 hectares que la Société avait loués en 1911, ils accrurent les surfaces couvertes en construisant quatre nouvelles halles de 18 et 12 mètres de portée, avec bureaux et locaux accessoires (fig. 69).

162 tours furent commandés à une maison française. En même temps, on commençait l'installation d'une station centrale de 1400 KW pour les besoins généraux de l'usine; celle du matériel de forge, comprenant des presses à poinçonner, à tréfiler les ébauches, à ogiver, avec les fours correspondants; enfin furent établis des ateliers de découpage, de dégrossissage des ébauches, de finissage, d'outillage et d'entretien.

En janvier 1916, les tours étaient en place et permettaient l'usinage d'obus en fonte aciérée; en mars, l'atelier de forge et d'emboutissage était mis en route. Cette année fut consacrée presque exclusivement à la production de projectiles en acier de 220 mm. Malgré les difficultés rencontrées dans le recrutement du personnel et dans la mise au point de la fabrication, le rendement s'accrut rapidement, de telle sorte qu'en novembre on produisait mensuellement jusqu'à 15400 obus.

Ultérieurement, l'usine entreprit des fabrications plus délicates: tubes-canons et tubes-freins pour mortiers de tranchées de 150 mm, mortiers d'accompagnement Stokes de 81 mm, bombes de tranchée de 240 et bombes d'avion de 100 kgs.

L'aggravation de la guerre sous-marine au cours de la même année ayant provoqué un ralentissement sensible dans les arrivages d'acier américain, le Ministère des Munitions décida de développer la fabrication des obus en fonte aciérée. En novembre 1916, la Société des Aciéries de Longwy entreprit, dans ce but, la création d'une seconde usine, qui fut édifiée très rapidement à Saint-Denis, entre la porte de La Chapelle et la porte d'Aubervilliers, et comportait deux halles métalliques contiguës pour la fonderie, une halle pour les cubilots, une halle pour la sablerie, des ateliers d'ébarbage, de parachèvement, d'entretien, de réception, un magasin avec bureaux et laboratoire et une station centrale de 600 CV (fig. 70).

Ces deux établissements d'Aubervilliers et de Saint-Denis occupaient plus de 3000 ouvriers et leur production atteignit, au total, jusqu'à la fin des hostilités, les chiffres suivants:

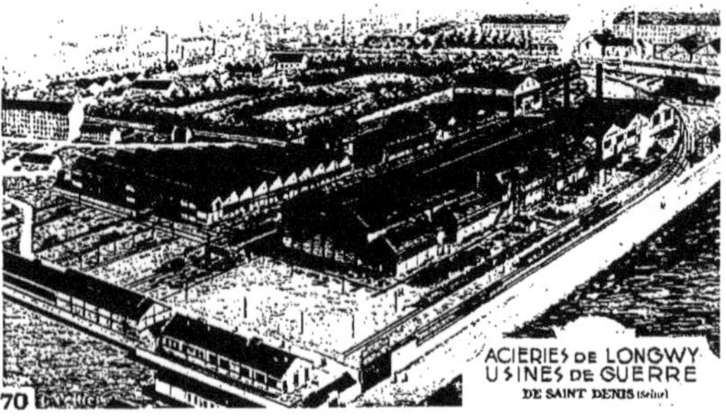

	Obus de 280	Obus de 275	Projectiles de 240	Projectiles de 220	Obus de 155	Obus de 120	Bombes de tranchée de 240	Bombes d'avion de 100 kilos	Projectors Livens
USINES DE SAINT-DENIS ...	—	57.345	8.026	—	114.172	177.435	—	—	—
USINES D'AUBERVILLIERS...	12.692	—	37.963	163.026	31.552	—	13.597	8.360	2.414

soit un total, pour les deux usines, de plus de 600.000 projectiles de gros calibre.

La contribution inattendue et improvisée à l'œuvre de la Défense Nationale, d'une Société dont les usines étaient envahies et dévastées, lui valut de la part des services de l'Artillerie, les plus chaudes félicitations.

CHAPITRE VIII

LA RECONSTITUTION

A U lendemain de l'armistice, le tableau présenté par les Usines de Mont-Saint-Martin était bien fait pour décourager les cœurs les mieux trempés. Sans hésitation cependant, la direction s'attela à la gigantesque besogne de leur reconstitution.

La plus grande partie du personnel, ingénieurs, employés et ouvriers, accourut dès la démobilisation, et chacun se remit au travail pour rendre la vie à ce coin de Lorraine. Mais pour diriger ces travaux, et résoudre les problèmes soulevés, dans les domaines technique, financier, commercial et administratif, par la complexité de la tâche, un animateur était indispensable.

Le Conseil d'Administration sut le choisir. M. Edouard DREUX, qui avait donné les plus belles preuves d'initiative pendant la période de modernisation précédant la guerre, fut élevé au début de 1919, aux fonctions d'Administrateur-Directeur Général, pendant que son père, M. A. DREUX, devenait Vice-Président du Conseil.

Comme tout était à refaire, le nouveau directeur reprit le programme d'avant-guerre, en l'élargissant toutefois, pour l'adapter aux conditions nouvelles de la production et de la vente. Dès 1919, un projet de reconstitution fut définitivement arrêté dans ses grandes lignes. Il consistait, tout d'abord, dans la récupération et la remise en place du matériel enlevé par les Allemands et reconnu encore utilisable; ensuite, dans des commandes de matériel neuf, en remplacement de celui qui avait été complétement détruit.

La fixation des dommages fut longue et laborieuse; et c'est le 8 novembre 1928 seulement, que le Comité Central de Préconciliation arrêta à 300.438.520 Frs le montant des pertes subies par les usines de Mont-Saint-Martin et de Moulaine. En attendant cette décision, l'État ne délivrait l'argent nécessaire à la remise en état des installations qu'avec la plus grande parcimonie: une première avance de 2 millions fut consentie le 21 mai 1919; celles qui suivirent ne furent accordées qu'après justification des travaux effectués: de sorte que les sommes dépensées étaient toujours plus élevées que les versements de l'État.

La mise en route de l'aciérie et la reprise de la fabrication et du laminage (18 août 1920) marquent la fin de la première étape de la reconstitution, puisque les usines de Mont-Sᵗ-Martin pouvaient, à ce jour, reprendre leurs livraisons d'aciers laminés.

DEUXIÈME ÉTAPE — *Installation de matériel nouveau pour compléter le matériel récupéré.* — Les aciéries de Longwy ayant récupéré la plus grande partie du matériel réutilisable, passèrent commande des installations neuves destinées à remplacer celles qui avaient été détruites. Ainsi, au moteur de 6.000 CV de la Société Alsacienne retrouvé et mis en service le 5 juillet 1921, viennent bientôt s'adjoindre une soufflante d'aciérie de 5.600 CV (le 3 novembre 1921), 4 soufflantes de haut-fourneau de 1200 m³ et un deuxième groupe électrogène de 6.000 CV (le 26 mars 1922). Il fallut attendre le montage de ce matériel pour remettre à feu, le haut-fourneau N° 6 (le 17 octobre 1922) et le fourneau N° 7 (le 22 novembre).

On achevait sur ces entrefaites la réinstallation des 3 derniers fours Martin qui fut terminée en 1922, et le montage d'un trio de 550 destiné à remplacer les trains cadets de 500 et de 400 détruits: ce trio fut mis en route le 9 janvier 1923.

Au début de 1923, la Société disposait alors de 4 fourneaux de 200 tonnes, de 2 fourneaux de 100 tonnes et d'une puissance motrice de 20.000 KW. Les usines ayant retrouvé leur capacité de production d'avant-guerre, la seconde étape de la reconstitution se trouvait atteinte.

La période la plus pénible semblait passée. C'est alors que la Société fut frappée, par un malheur aussi soudain qu'imprévisible. M. Edouard Dʀᴇᴜx, le bon ouvrier de cette reconstitution, le Chef qui devait la conduire à ses plus hautes destinées, mourut subitement, au sortir d'une réunion corporative, victime de son travail et de son dévouement.

L'imposante manifestation à laquelle ses obsèques donnèrent lieu (fig. 78) témoigne de la haute estime que cet organisateur avait su s'acquérir auprès de ses collègues de l'industrie, et de l'affection que lui portait le personnel employé et ouvrier.

Aussitôt que les honneurs eurent été rendus à la mémoire de son fils, M. A. Dʀᴇᴜx, vivement pressé par le Conseil d'Administration, dut accepter, malgré son âge et sa carrière déjà si remplie, de reprendre les rênes de la direction effective. Comme Vice-Président Délégué d'abord, puis, après le décès de M. le Comte ᴅᴇ Sᴀɪɴᴛɪɢɴᴏɴ, comme Président du Conseil-Délégué, il montra une activité inlassable pour la réorganisation des services et des installations de la Société.

TROISIÈME ÉTAPE — *Développement de la fabrication.* Le 28 avril 1923, le haut-fourneau N° 6 rentrait en activité; en août 1923, le gros blooming III, dont la livraison avait été interrompue par la guerre était mis en service; puis, en octobre de la même année, le train reversible de 950 (fig. 79) commandé en 1913 et non livré; un nouveau groupe électrogène de 7.500 CV fonctionnait le 4 mars 1924; le 28 avril 1925, un train continu à fil remplaçait l'ancien train machine détruit; le 24 octobre 1925, on remettait à feu le haut-fourneau N° 1 de la division de Mont-Saint-Martin; le 10 mars 1926, fut mise en service une turbo-dynamo de 3000 KW, le 25 août 1927, un train continu à billettes et à largets

et le 30 janvier 1929 un trio Lauth de 2 m 300 (fig. 80) remplaçant la tôlerie III détruite.

Au cours de l'année 1929, la reconstitution des usines pouvait être considérée comme virtuellement terminée. Dans quelques mois, dès que les hauts-fourneaux N°s 2 et 3 seront reconstruits avec une capacité de production de 300 tonnes; que seront équipées en outre une épuration électrique de gaz d'une capacité de 100.000 m³-heure et une épuration humide de 80.000 m³-heure; enfin lorsque l'installation des nouveaux groupes à gaz de

3.400 KW et des mélangeurs de 1.000 t. de l'Aciérie Thomas aura eu lieu, le programme actuel sera réalisé et la capacité de production de l'usine atteindra 760.000 tonnes de fonte et 760.000 tonnes d'acier, en augmentation de 70 % par rapport aux chiffres de 1914.

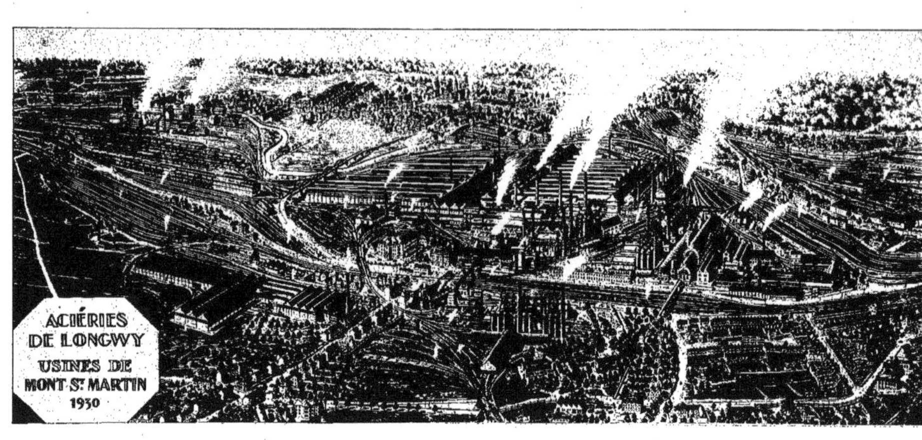
ACIÉRIES
DE LONGWY
USINES DE
MONT·St·MARTIN
1930

CHAPITRE IX

LE CINQUANTENAIRE

NOUS venons d'assister au relèvement rapide de la Société et à ses efforts pour compléter graduellement son outillage; nous l'avons vu retrouver, dans un laps de temps très court, une production bien supérieure à celle qu'elle obtenait avant-guerre. De sorte qu'au cinquantième anniversaire de sa fondation, elle se révèle comme une puissance industrielle de tout premier ordre, dont nous allons examiner la brillante situation.

USINES DE PRODUCTION. — Les usines principales sont situées à Mont-Saint-Martin, près Longwy, aux frontières belge et luxembourgeoise. Eloignées seulement de 370 km de Dunkerque et de 263 km d'Anvers, ce sont les établissements industriels de l'Est les plus rapprochés de ces grands ports et, par conséquent, les plus favorisés pour l'exportation.

Les installations, qui s'étendent sur plus de 405 ha, constituent un ensemble imposant de hauts-fourneaux, aciéries, laminoirs et fonderies.

USINES DE MONT-SAINT-MARTIN

HAUTS-FOURNEAUX — La Société dispose de 2 groupes situés, de part et d'autre, de la voie ferrée de Longwy à Luxembourg: à gauche, 3 hauts-fourneaux, actuellement en construction, et devant produire journellement 1200 tonnes de fonte, au moins, remplaceront les appareils 1, 2 et 3 d'avant-guerre, dont le premier seul est encore actuellement à feu; à droite, se trouvent les fourneaux 4, 5, 6 et 8 d'une capacité de production de 250 tonnes chacun.

ACIÉRIE THOMAS — L'Aciérie Thomas comporte 2 mélangeurs de 250 tonnes auxquels doit être joint, très prochainement, un mélangeur de 1000 tonnes. La fonte produite par Mont-Saint-Martin et Moulaine est transformée en acier dans 6 convertisseurs de 30 tonnes capables d'une production mensuelle de 35.000 tonnes d'acier et de 10.000 tonnes de scories de déphosphoration.

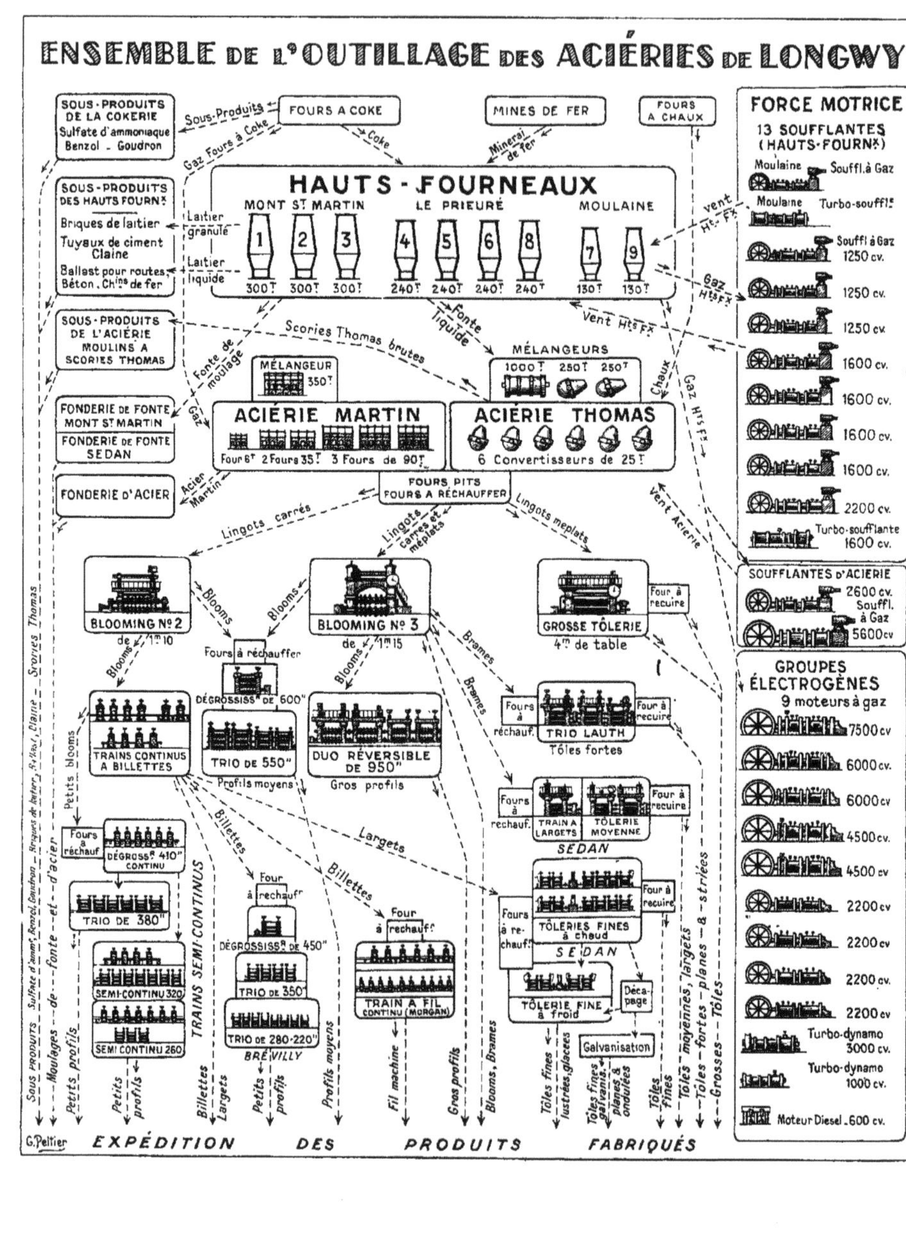

ENSEMBLE DE L'OUTILLAGE DES ACIÉRIES DE LONGWY
SOUS-PRODUITS DE LA COKERIE
Sulfate d'ammoniaque
Benzol - Goudron
Sous-Produits
FOURS A COKE
MINES DE FER
FOURS A CHAUX
FORCE MOTRICE
13 SOUFFLANTES (HAUTS-FOURNX)
Gaz Fours à Coke
Coke
Minerai de fer
SOUS-PRODUITS DES HAUTS FOURNX
Briques de laitier
Tuyaux de ciment Claine
Ballast pour routes
Béton . Chins de fer
HAUTS - FOURNEAUX
MONT ST MARTIN
LE PRIEURÉ
MOULAINE
1
2
3
4
5
6
8
7
9
300T
300T
300T
240T
240T
240T
240T
130T
130T
Laitier granulé
Laitier liquide
Moulaine
Souffl. à Gaz
Moulaine
Turbo-soufflt
Souffl. à Gaz
1250 cv.
1250 cv.
1250 cv.
1600 cv.
1600 cv.
1600 cv.
1600 cv.
2200 cv.
Turbo-soufflante
1600 cv.
vent Hts Fx
Gaz Hts Fx
Vent Hts Fx
SOUS-PRODUITS DE L'ACIÉRIE MOULINS A SCORIES THOMAS
Scories Thomas brutes
MÉLANGEURS
1000T 250T 250T
Fonte liquide
Chaux
Gaz Hts Fx
FONDERIE DE FONTE MONT ST MARTIN
FONDERIE DE FONTE SEDAN
MÉLANGEUR 350T
ACIÉRIE MARTIN
Four 6T 2 Fours 35T 3 Fours de 90T
ACIÉRIE THOMAS
6 Convertisseurs de 25T
Fonte de moulage
Gaz
FONDERIE D'ACIER
Acier Martin
FOURS PITS FOURS A RÉCHAUFFER
Lingots carrés
Lingots carrés et méplats
Lingots méplats
Vent Acierie
SOUFFLANTES D'ACIERIE
2600 cv. Souffl. à Gaz
5600 cv
BLOOMING No 2 de 1m10
BLOOMING No 3 de 1m15
GROSSE TÔLERIE
4m de table
Four à recuire
GROUPES ÉLECTROGÈNES
9 moteurs à gaz
7500 cv
6000 cv
6000 cv
4500 cv
4500 cv
2200 cv
2200 cv
2200 cv
2200 cv
Turbo-dynamo 3000 cv.
Turbo-dynamo 1000 cv.
Moteur Diesel .600 cv.
Blooms
Blooms
Blooms
Brames
Brames
Brames
Fours à réchauffer
DÉGROSSISS DE 600"
TRIO DE 550"
DUO RÉVERSIBLE DE 950"
TRIO LAUTH
Tôles fortes
Fours à réchauf.
Four à recuire
TRAINS CONTINUS A BILLETTES
Petits blooms
Profils moyens
Gros profils
Largets
TRAIN A LARGETS
TÔLERIE MOYENNE
SEDAN
Fours à rechauf.
Four à recuire
Fours à réchauf
DÉGROSSR 410" CONTINU
TRIO DE 380"
SEMI-CONTINU 320
SEMI CONTINU 260
Four à rechauffr
DÉGROSSISSr DE 450"
TRIO DE 350"
TRIO DE 280-220"
BRÉVILLY
Four à rechauffr
TRAIN A FIL CONTINU (MORGAN)
TÔLERIES FINES à chaud
SEDAN
TÔLERIE FINE à froid
Décapage
Galvanisation
Fours à rechauf.
Four à recuire
Billettes
Billettes
TRAINS SEMI-CONTINUS
Sous Produits
Moulages - de - fonte - et - d'acier
Petits profils
Petits profils
Billettes
Largets
Petits profils
Profils moyens
Fil machine
Gros profils
Blooms, Brames
Tôles fines lustrées,glacées
Tôles fines galvanisées planes & ondulées
Tôles Fines
Tôles moyennes, largets
Tôles fortes - planes - & striées
Grosses - Tôles
Sulfate d'ammx, Benzol, Goudron - Briques de laitier, Srxins l, Claine - Scories Thomas
G.Peltier
EXPÉDITION
DES
PRODUITS
FABRIQUÉS

ACIÉRIE MARTIN — En 1913, la Société possédait l'Aciérie Martin la plus importante de France. Reconstituée sur les mêmes bases, l'installation comprend un mélangeur préaffineur de 350 tonnes, 3 fours oscillants à sole basique de 90 tonnes, 2 fours fixes à sole basique de 35 tonnes. Cette aciérie, munie d'engins modernes, a une capacité de production annuelle de 200.000 tonnes. Ses fours sont chauffés par le gaz de la cokerie de Mont-Saint-Martin et de 7 gazogènes Poetter et Widekind gazéifiant chacun 1.200 kg de charbon à l'heure.

LAMINOIRS — L'acier produit est laminé par les trains ci-après :

Un blooming de 1150 mm de diamètre et de 3 m de table, actionné par un moteur réversible de 3350 CV ; c'est la plus grosse installation du genre existant en Europe ; elle permet de laminer des lingots de 12 tonnes ou des méplats de 1300 mm de côté. Ce train peut produire, à raison de 40 à 80 tonnes à l'heure, des blooms ayant jusqu'à 500 mm de côté, ou des brames de 1000 sur 250 mm.

Un blooming de 1100 mm de diamètre et de 3 m de table, actionné par un moteur réversible de 5000 CV. Destiné à la fabrication de blooms atteignant 350 mm de côté, il peut traiter des lingots de 6 tonnes et produire jusqu'à 30 à 60 tonnes à l'heure.

Un train continu à billettes et largets (fig. 82) comprenant un dégrossisseur de 21" (533 mm) à 6 cages, de 1219 mm de longueur de table (blooms de 100 à 130 mm — ébauchés pour largets de 200 et 300 mm), et un finisseur de 18" (457 mm) comprenant 6 cages horizontales et 2 cages verticales (billettes de 40 et 70 mm — largets de 200 et 300 × 8 à 19 mm) — Capacité de production : 100 tonnes de billettes de 45 mm à l'heure. Le premier de ces trains est actionné par un moteur de 3200 CV et le second par un moteur de 5720 CV.

Un duo réversible de 950 à 970 mm de diamètre et de 2 m 50 de longueur de table, comportant 4 cages, actionnées par un moteur de 6800 CV et desservi par le blooming de 1150 qui joue ainsi le rôle de premier dégrossisseur. Ce train peut laminer les rails de 26 à 55 kgs, les poutrelles jusque 600 mm et les profilés les plus gros. Sa production atteint de 30 à 60 tonnes à l'heure.

Un trio à fers marchands comprenant un dégrossisseur de 600 mm avec moteur de 1000 CV et un train finisseur de 4 cages dont une spatard, avec cylindres de 550 mm de diamètre et moteur de 1500 CV. Ce train produit tous les laminés moyens à raison de 15 à 25 tonnes à l'heure.

Un ensemble de trois trains semi-continus desservis par un dégrossisseur continu à 6 cages de 410 mm actionné par un moteur de 1000 CV. Ce dégrossisseur alimente :

D'une part un train finisseur à 6 cages dont une spatard, avec cylindres de 380 mm de diamètre et de 1100 mm de longueur de table, actionné par deux moteurs de 1000 et 800 CV ;

D'autre part, un train continu à 4 cages avec cylindres de 300 mm de diamètre et de 500 mm de longueur de table.

Ce dernier train alimente à son tour, soit un second finisseur à 7 cages dont une spatard, avec cylindres de 320 mm de diamètre et de 800 mm de longueur de table, qu'actionnent deux moteurs de 1600 et 1200 CV; soit un troisième continu à 7 cages, avec cylindres de 260 mm de diamètre et 700 mm de table, dont les produits sont finis sur un train à 3 cages, avec cylindres de même diamètre, mais n'ayant que 600 mm de longueur de table.

Un ensemble de quatre trains continus à fil machine, à grande production, système Morgan ;

Une grosse tôlerie de 4 m de table, actionnée par un moteur réversible de 5000 CV pour le traitement de lingots de 20 tonnes et le laminage des tôles de 10 à 60 mm d'épaisseur jusqu'à 18 mètres de longueur. Ce train peut produire de 20 à 40 tonnes à l'heure.

Un trio Lauth à tôles moyennes de 2 m 30 de table, à 3 cages dont une pour la fabrication des tôles striées. Mû par un moteur de 2200 CV, il est capable d'une production horaire de 15 à 25 tonnes.

Tous ces laminoirs sont dotés des moyens de manutention les plus puissants et complétés par des engins de service nombreux et modernes, qui assurent le finissage rapide et économique: fours à recuire, cisailles, planeuses, dresseuses, fraiseuses, etc...

Le dépôt, la manutention et l'expédition des produits sont assurés par des parcs d'une superficie totale de 15 ha, dont 8,5 entièrement couverts, et desservis par 38 ponts-roulants, 12 grues locomobiles à vapeur et une grue électrique.

STATIONS CENTRALES — 4 stations centrales fournissent à ces diverses installations le vent ou la force motrice nécessaires. Elles comportent:

9 soufflantes de hauts-fourneaux dont 8 à gaz, d'une puissance totale de 12.350 CV, et une turbo-soufflante de 16.000 CV;

2 soufflantes à gaz d'aciérie, d'une puissance totale de 8200 CV;

9 groupes électrogènes à moteurs à gaz, donnant ensemble 27.400 KW;

2 turbo-dynamos de 2950 KW;

1 moteur Diesel et 2 machines à vapeur produisant ensemble 1800 KW.

Indépendamment de ces ressources propres, notre liaison avec le Réseau de la Société Electrique de la Sidérurgie Lorraine, dans laquelle les Aciéries de Longwy ont une participation de 13,43%, est assurée par deux sous-stations donnant ensemble 2800 KW.

En résumé, les usines de Mont-Saint-Martin disposent d'une puissance totale de 69.700 CV.

FONDERIE et ATELIERS — Ces installations principales sont complétées par:

Une fonderie de fonte, desservie par cubilots produisant mensuellement 500 tonnes de moulages, en pièces pesant jusqu'à 40 tonnes.

Une fonderie d'acier comprenant 2 halles de moulage: l'une destinée à recevoir principalement le produit liquide des fours de l'Aciérie Martin, et utilisée pour la fabrication des grosses pièces (jusqu'à 60 tonnes) et en particulier des cylindres de laminoirs; l'autre, dotée d'un four Siemens de 6 tonnes, pour le moulage des pièces de moindres dimensions. La capacité totale mensuelle des deux fonderies d'acier est de 1000 tonnes.

Une fonderie de bronze susceptible de produire 18 tonnes par mois en pièces pesant jusqu'à 1200 kgs;

Une chaudronnerie, une forge à 4 pilons à vapeur et des ateliers munis d'un outillage complet et moderne permettant l'exécution rapide de toutes les réparations, l'usinage des pièces moulées et travaillant éventuellement pour le commerce;

Un atelier de construction et de réparations spécialement chargé de pourvoir à l'entretien du matériel roulant de la Société qui comprend plus de 600 wagons de tous tonnages, et 20 locomotives de 35 à 56 tonnes.

Mentionnons à ce sujet que le développement des voies normales des Usines de Mont-Saint-Martin n'est pas moins de 86 km; celui des voies étroites de 8 km.

USINES DE MOULAINE

Ces usines (fig. 84) comprennent:

Deux hauts-fourneaux de 130 tonnes chacun, dont le vent est fourni par une soufflante à gaz et une turbo-soufflante. La fonte de ces hauts-fourneaux est conduite, liquide, aux mélangeurs de l'Aciérie Thomas de Mont-Saint-Martin, et utilisée en totalité à la fabrication de l'acier.

Une briqueterie très active (un million de briques par mois), à laquelle est annexée une fabrique de tuyaux en ciment et de pierres artificielles.

En résumé, l'ensemble des usines de Mont-Saint-Martin et de Moulaine, représente actuellement une production journalière de 14 à 1500 tonnes de fonte, qui dépassera 2000 tonnes lors de la mise en marche des hauts-fourneaux en cours de construction.

En raison de son importance, la Société des Aciéries de Longwy a été amenée à s'intéresser à d'autres affaires, soit dans le but de parfaire le cycle de ses fabrications (Laminoirs de Sedan et de Brévilly, Société Lorraine Minière et Métallurgique, Atelier de Vénissieux), soit pour s'assurer, à des conditions avantageuses, les matières premières nécessaires à leur marche régulière (Sociétés d'Approvisionnement, Sociétés Minières et Charbonnages) soit enfin pour se créer des débouchés (Société Commerciale d'Exportation et Sociétés Dépositaires).

USINES DE SEDAN

Tout d'abord, elle achetait, en 1919, l'ancienne forge de Sedan, détruite pendant la guerre, et dont la superficie fut portée de 10 à 95 ha. Cette usine qui produisait des tôles fines particulièrement estimées, fut reconstruite sur de nouvelles bases (fig. 85) et équipée de façon tout à fait moderne.

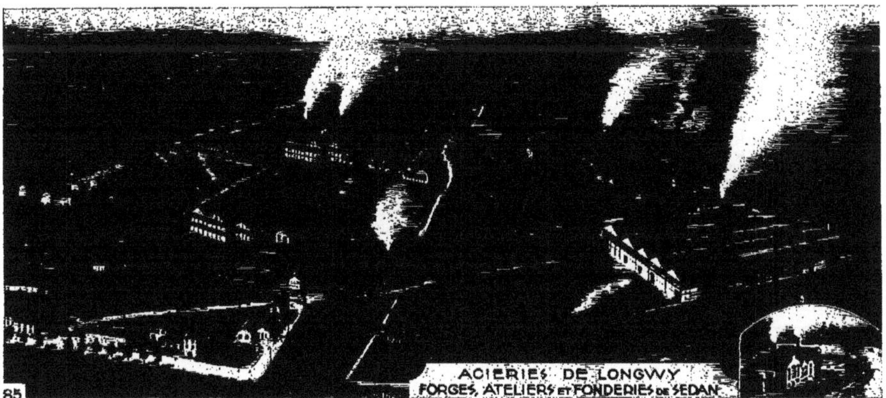

ORGANISATION GÉNÉRALE DES ACIÉRIES DE LONGWY

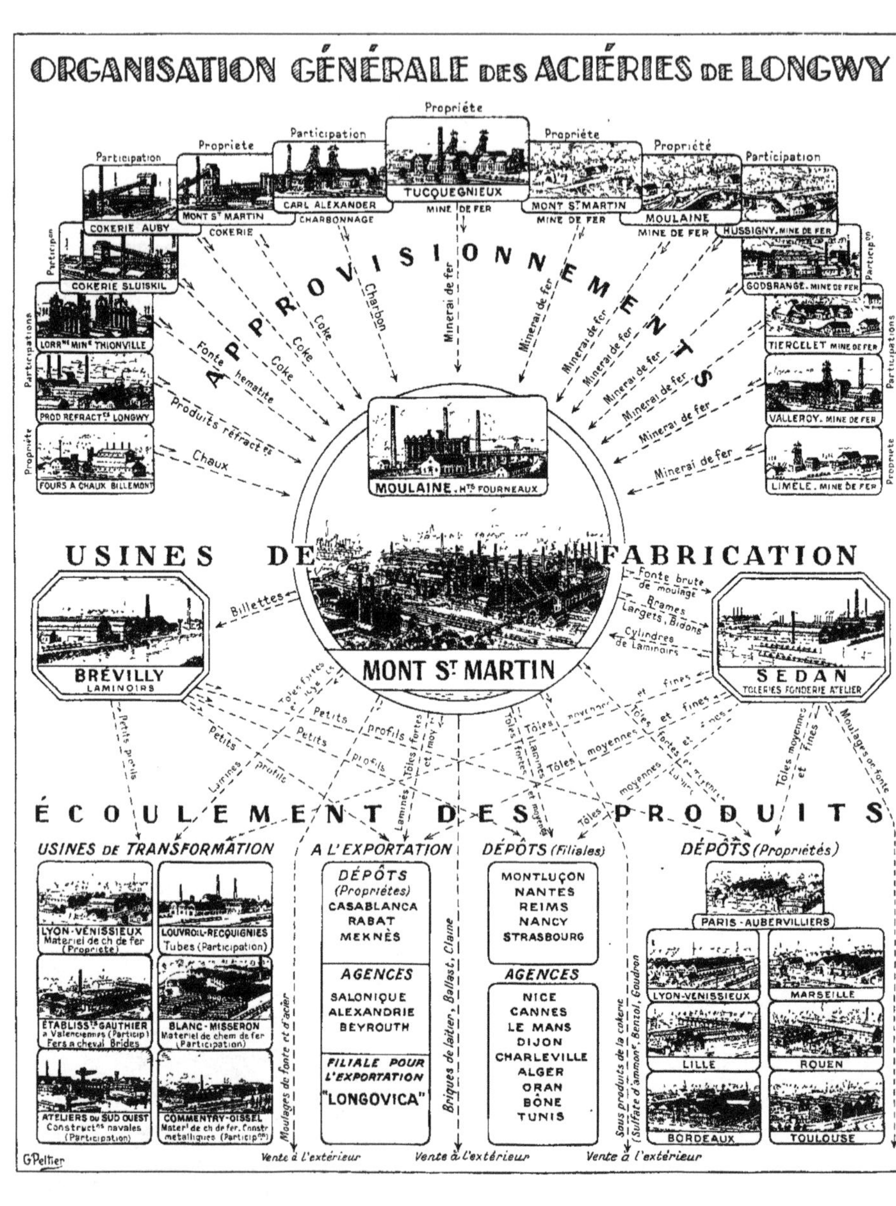

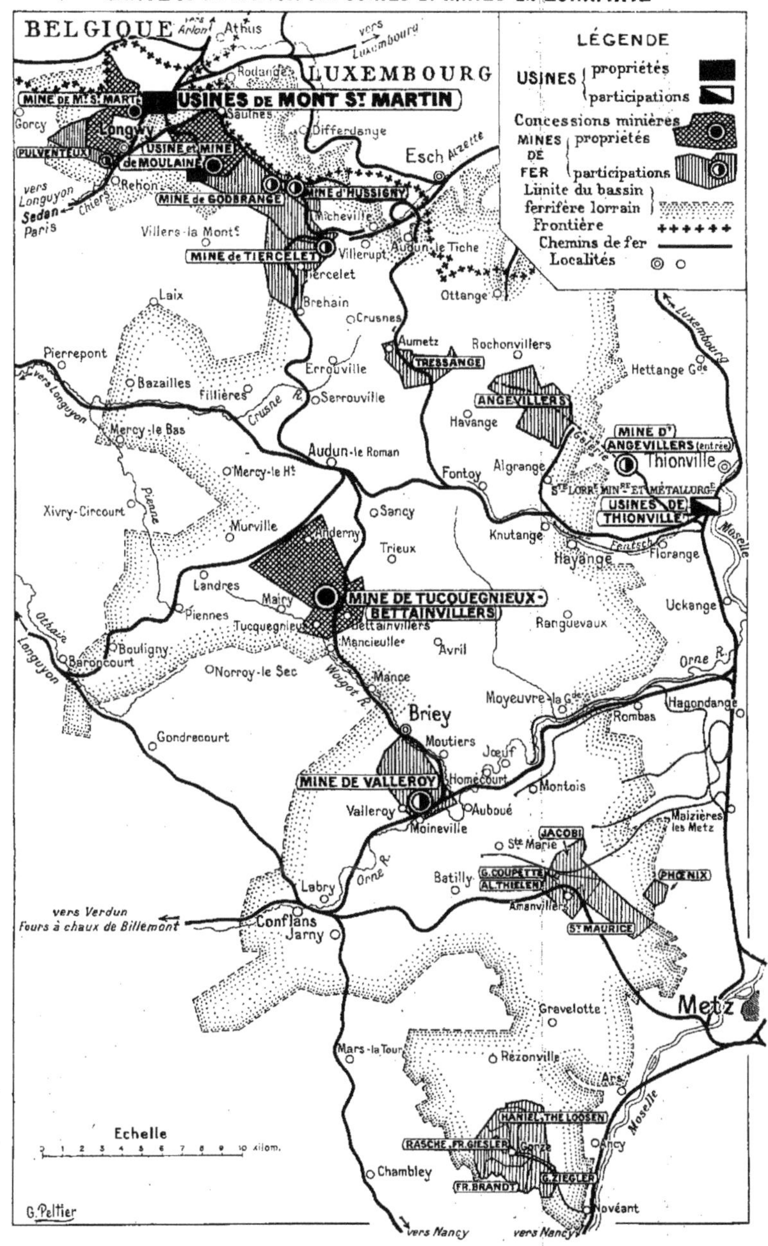

SOCIÉTÉ DES ACIÉRIES DE LONGWY
CARTE DE SITUATION DES USINES ET MINES EN LORRAINE
BELGIQUE
Arlon
Athus
vers Luxembourg
Rodange
LUXEMBOURG
MINE DE Mt St MARTIN
USINES DE MONT St MARTIN
Gorcy
Longwy
Saulnes
Differdange
Esch Alzette
PULVENTEUX
USINE et MINE de MOULAINE
vers Longuyon
Sedan
Paris
Chiers
Rehon
MINE de GODBRANGE
MINE d'HUSSIGNY
Micheville
Villers-la-Mont
MINE de TIERCELET
Villerupt
Audun-le Tiche
Tiercelet
Laix
Brehain
Crusnes
Ottange
Pierrepont
Aumetz
Rochonvillers
Errouville
TRESSANGE
Hettange Gde
Bazailles
Filières
Serrouville
ANGEVILLERS
vers Longuyon
Crusne R.
Mercy-le-Bas
Havange
MINE D'
ANGEVILLERS (entrée)
Audun-le Roman
Fontoy
Algrange
Thionville
Mercy-le-Ht
Ste LORR. MINRE ET MÉTALLURGE
Xivry-Circourt
Pienne
Murville
Sancy
USINES DE THIONVILLE
Anderny
Trieux
Knutange
Hayange
Fentsch
Florange
Moselle
Landres
MINE DE TUCQUEGNIEUX-BETTAINVILLERS
Uckange
Maicy
Bettainvillers
Ranguevaux
Piennes
Tucquegnieu
Mancieulle
Avril
Orne R.
Woigot R.
Othain
Bouligny
Norroy-le-Sec
Mance
Longuyon
Baroncourt
Moyeuvre-la-Gde
Hagondange
Briey
Rombas
Gondrecourt
Moutiers
Jœuf
MINE DE VALLEROY
Homécourt
Montois
Maizières les Metz
Valleroy
Auboué
JACOBI
Moineville
Ste Marie
G. COUPETTE
PHŒNIX
vers Verdun
Fours à chaux de Billemont
Labry
Orne R.
Batilly
AL. THIELEN
Conflans
Jarny
Amanvillers
St MAURICE
Gravelotte
Metz
Mars-la-Tour
Rézonville
Moselle
Echelle
1 2 3 4 5 6 7 8 9 10 Kilom.
Ars
HANIEL THE LOOSEN
Chambley
RASCHE FR. GIESLER
Ancy
FR. BRANDT
C. ZIEGLER
G. Peltier
Novéant
vers Nancy
vers Nancy
LÉGENDE
USINES propriétés
participations
Concessions minières
MINES DE propriétés
FER participations
Limite du bassin ferrifère lorrain
Frontière
Chemins de fer
Localités

Elle comporte aujourd'hui les installations ci-après :

Un train d'une seule cage, transformant au besoin en largets pour tôles fines les brames destinées à la fabrication des tôles moyennes ;

Un train à tôles moyennes, à 2 cages de 1 m 90 de table, pour la fabrication des tôles de 2 à 4 mm ;

Deux trains de laminoirs à chaud, de chacun deux cages dégrossisseuses et 4 cages finisseuses ;

Un train de laminoirs à froid, pour tôles fines de qualité spéciale, comprenant 2 cages dégrossisseuses et 2 cages finisseuses ;

Un atelier pour la fabrication des tôles galvanisées, planes et ondulées.

Ces laminoirs sont alimentés en brames et en largets par les Usines de Mont-Saint-Martin. Leur fabrication comporte toutes les qualités de tôles noires ordinaires, pour emboutissage, pour dynamos ; tôles bleues, glacées, lustrées, à double décapage ; tôles spéciales pour carrosserie automobile.

La production mensuelle des laminoirs de Sedan est de 2500 tonnes de tôles moyennes, 2750 tonnes de tôles fines à chaud et froid et 1000 tonnes de tôles galvanisées.

Les Aciéries de Longwy ont réinstallé également à Sedan, les deux usines équipées pendant la guerre à Saint-Denis et Aubervilliers. Leurs fabrications comportent maintenant la mécanique générale, la fonderie et, en particulier, les cylindres de laminoirs en fonte. Ces établissements qui disposent de 4 cubilots de 10, 6, 5 et 2 tonnes et de deux fours à réverbère de 25 et 10 tonnes, sont capables d'une production annuelle de 15.000 tonnes de moulages de fonte, en pièces pouvant atteindre 80 tonnes.

En 1925, elles prirent une participation de 70°/₀ dans la nouvelle *Société des Forges de Brévilly*

(fig. 88), comportant des laminoirs qu'elle exploite, ainsi qu'une tréfilerie et une pointerie affermées à la Société Métallurgique de Gorcy. Les Aciéries de Longwy disposent donc encore de ce côté :

D'un dégrossisseur à une cage de 450 mm ;

D'un trio à 4 cages de 350 mm et d'une série de trains finisseurs comprenant 4 cages de 280 mm et 4 cages de 220 mm, pour la fabrication des petits fers marchands et des profils spéciaux.

Les Aciéries de Longwy intervinrent en 1919 dans la liquidation de la Carlshutte et des Mines d'Angevillers appartenant avant la guerre aux Rœchling'sche Eisen- und Stahlwerke. Un groupement désigné sous le nom de *Société Lorraine Minière & Métallurgique* dans lequel elle entra pour ¹/₈, se rendit acquéreur de l'ensemble. Cette Société, au capital de 50 millions, dispose actuellement :

De la mine d'Angevillers (890 ha), pouvant extraire jusqu'à 1.400.000 tonnes ;

Des mines de Tressange (460 ha) encore inexploitées ;

Des mines de Valleroy dans lesquelles elle participe pour 50 % avec les Aciéries de Longwy ;

Des mines de Pulventeux également en participation ;

Des mines de Wittring, près Sarreguemines, et de Hesse, près Sarrebourg, qui fournissent près de 70.000 tonnes de castine ;

Des mines de houille de Saint-Avold dans lesquelles elle participe pour $^1/_5$ environ ;

Des charbonnages de Longeville (83,33 %) et de Haute-Vigneulles (33 %) non encore exploitées ;

De deux batteries de fours à coke (fig. 89) produisant annuellement plus de 200.000 tonnes de coke métallurgique ;

De quatre hauts-fourneaux produisant près de 250.000 tonnes de fonte de toutes qualités et principalement des fontes de moulage et des fontes hématites.

Cette puissante société métallurgique, dont M. A. Dreux est également Président-Délégué du Conseil d'Administration, construit actuellement des Aciéries Thomas, Martin et Electrique avec leurs laminoirs, en vue de la fabrication d'aciers spéciaux réservés en grande partie à l'industrie automobile.

Enfin, les Aciéries de Longwy ont installé à *Vénissieux*, près de leur dépôt régional de Lyon (fig. 90) des vastes ateliers pour la réparation du matériel de chemins de fer. Ces ateliers sont alimentés par des contrats importants avec la Compagnie P. L. M. qui lui confie la remise en état des wagons à marchandises et des voitures pour voyageurs, ainsi que les travaux relatifs à l'électrification des voitures.

Cet ensemble imposant de puissantes installations permet aux Aciéries de Longwy la fabrication de tonnages considérables. Leur programme de fabrication embrasse toute la gamme des produits métallurgiques, depuis les profils les plus légers jusqu'aux laminés les plus lourds, depuis les tôles les plus fines jusqu'aux plaques d'acier des plus grandes dimensions susceptibles d'être transportées.

Les graphiques tracés ci-contre permettent de se rendre compte du tonnage fabriqué et du chiffre d'affaires réalisé au fur et à mesure de la remise en état des installations.

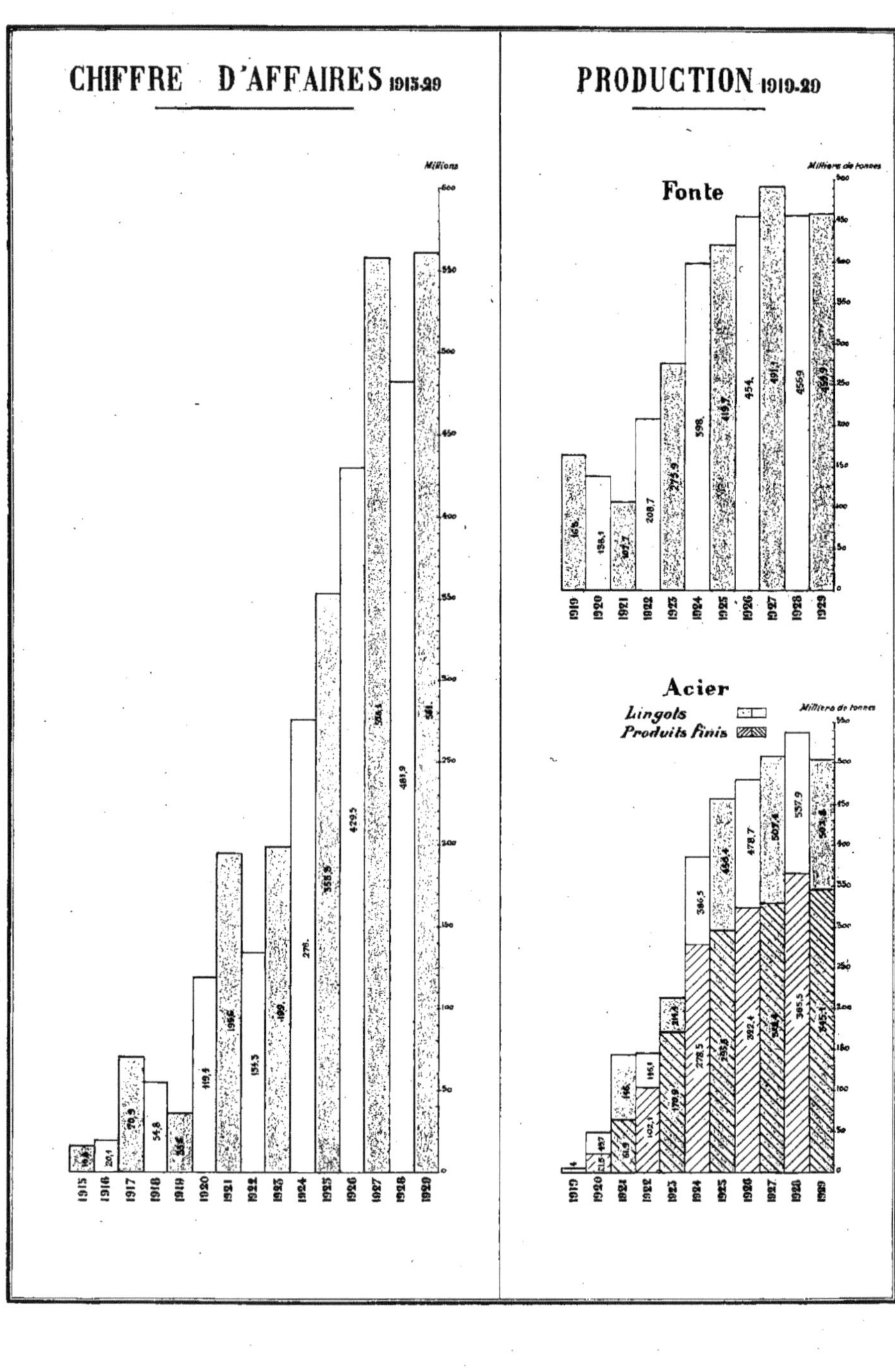

CHIFFRE D'AFFAIRES 1915-29
Millions
PRODUCTION 1919-29
Milliers de tonnes
Fonte
Acier
Lingots
Produits finis
Milliers de tonnes

APPROVISIONNEMENT DE LA SOCIÉTÉ

MINERAI — Les tonnages importants de minerai de fer nécessaire à la marche des hauts-fourneaux sont fournis tant par les mines appartenant en propre à la Société que par celles dans lesquelles elle a des participations. Le tableau ci-dessous donne tous renseignements à cet égard.

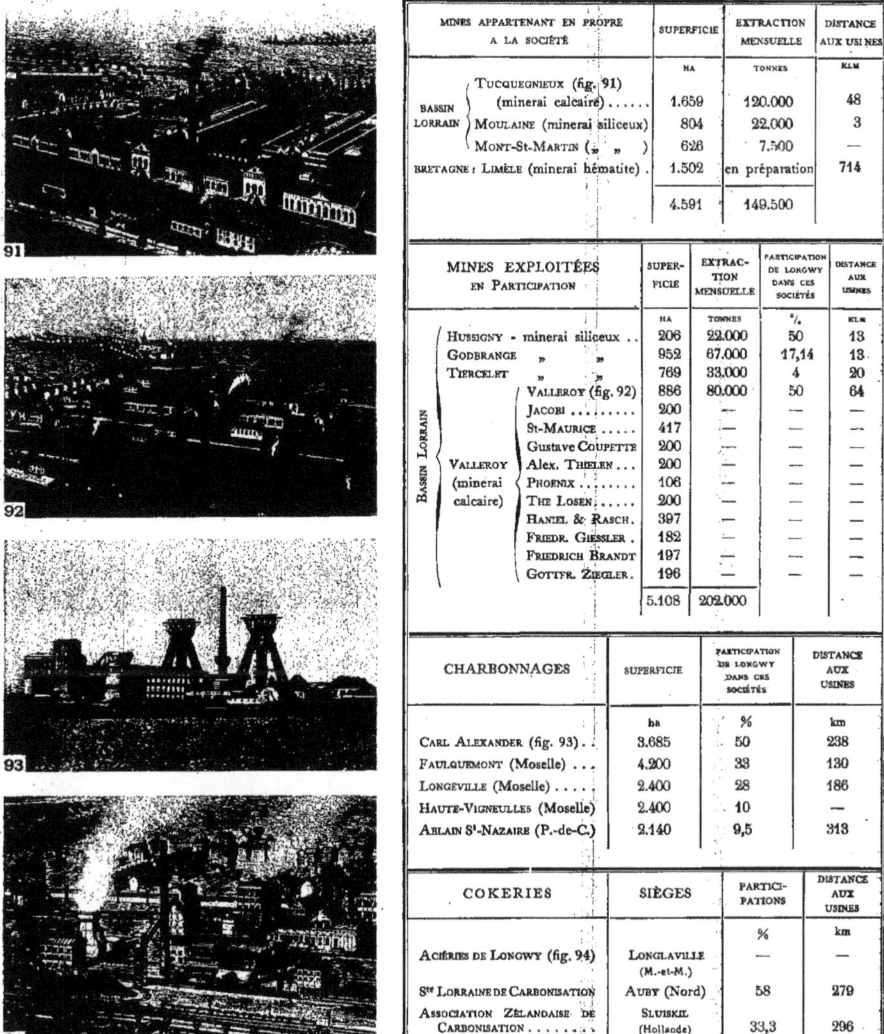

MINES APPARTENANT EN PROPRE A LA SOCIÉTÉ	SUPERFICIE	EXTRACTION MENSUELLE	DISTANCE AUX USINES
	HA	TONNES	KLM
BASSIN LORRAIN — TUCQUEGNIEUX (fig. 91) (minerai calcaire)......	1.659	120.000	48
BASSIN LORRAIN — MOULAINE (minerai siliceux)	804	22.000	3
BASSIN LORRAIN — MONT-St-MARTIN (» »)	626	7.500	—
BRETAGNE : LIMÈLE (minerai hématite) .	1.502	en préparation	714
	4.591	149.500	

MINES EXPLOITÉES EN PARTICIPATION	SUPER-FICIE	EXTRAC-TION MENSUELLE	PARTICIPATION DE LONGWY DANS CES SOCIÉTÉS	DISTANCE AUX USINES
	HA	TONNES	°/₀	KLM
BASSIN LORRAIN — HUSSIGNY - minerai siliceux ..	206	22.000	50	13
GODBRANGE » »	952	67.000	17,14	13
TIERCELET » »	769	33.000	4	20
VALLEROY (minerai calcaire) — VALLEROY (fig. 92)	886	80.000	50	64
JACOBI	200	—	—	—
St-MAURICE	417	—	—	—
Gustave COUPETTE	200	—	—	—
Alex. THIELEN ...	200	—	—	—
PHOENIX	106	—	—	—
THE LOSEN	200	—	—	—
HANIEL & RASCH.	397	—	—	—
FRIEDR. GIESSLER .	182	—	—	—
FRIEDRICH BRANDT	197	—	—	—
GOTTFR. ZIEGLER .	196	—	—	—
	5.108	202.000		

CHARBONNAGES	SUPERFICIE	PARTICIPATION DE LONGWY DANS CES SOCIÉTÉS	DISTANCE AUX USINES
	ha	%	km
CARL ALEXANDER (fig. 93) .	3.685	50	238
FAULQUEMONT (Moselle) ...	4.200	33	130
LONGEVILLE (Moselle)	2.400	28	186
HAUTE-VIGNEULLES (Moselle)	2.400	10	—
ABLAIN St-NAZAIRE (P.-de-C.)	2.140	9,5	313

COKERIES	SIÈGES	PARTICI-PATIONS	DISTANCE AUX USINES
		%	km
ACIÉRIES DE LONGWY (fig. 94)	LONGLAVILLE (M.-et-M.)	—	—
Ste LORRAINE DE CARBONISATION	AUBY (Nord)	58	279
ASSOCIATION ZÉLANDAISE DE CARBONISATION	SLUISKIL (Hollande)	33,3	296

CHAUX — *Fours à chaux de Billemont,* près Verdun (101 km), comprenant : une carrière de 36 ha pouvant donner journellement 800 tonnes de castine, 4 fours d'une capacité de production de 240 tonnes par 24 heures.

SOCIÉTÉ DES ACIÉRIES DE LONGWY
CARTE DE SITUATION DES USINES, MINES, DÉPÔTS ET AGENCES

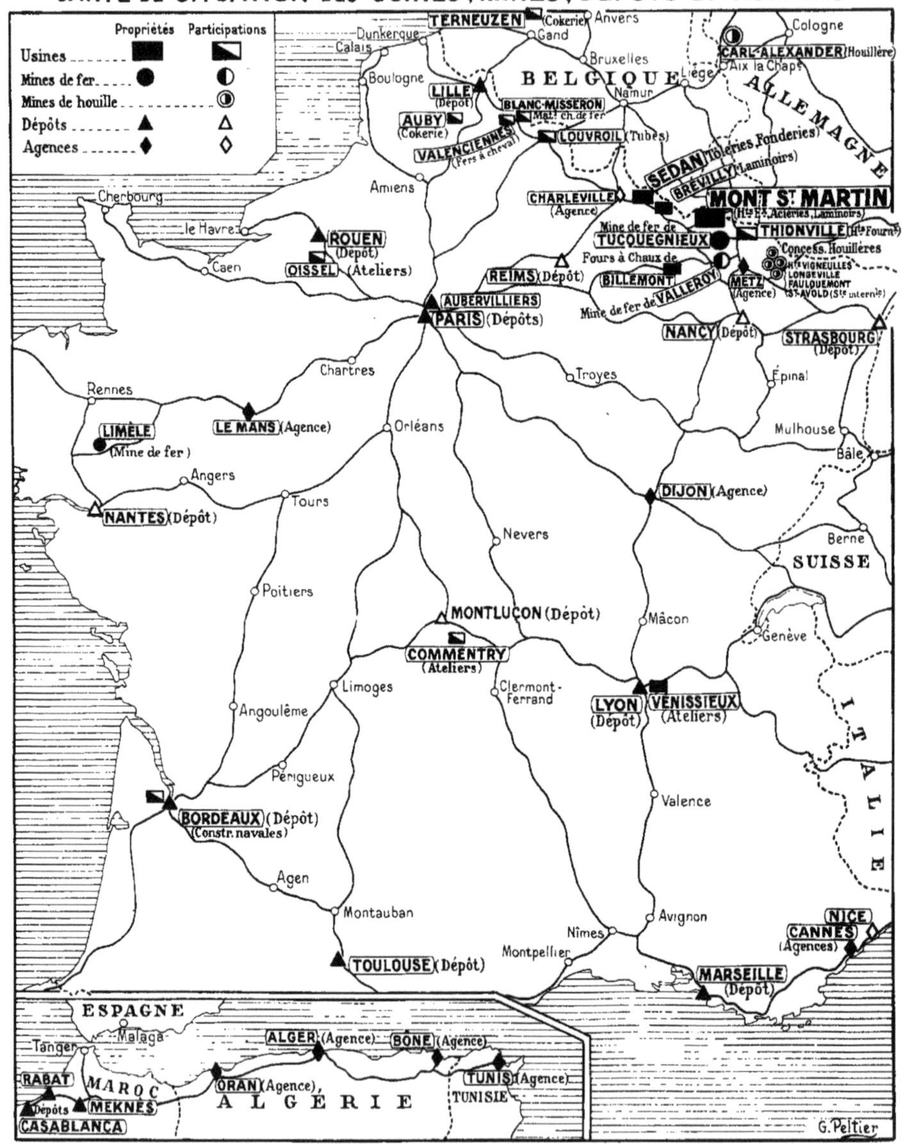

FONTES HÉMATITES — *Société Lorraine Minière et Métallurgique* à Thionville (33,5 %).

MAGNÉSIE — *Comptoir des Produits Magnésiens* (2,5 %) leur assurant une part dans la production de la *Veitscher Magnesitwerke* en Autriche (8,7 %) et de la *M. I. A. G.* en Hongrie.

MINERAI DE MANGANÈSE — *Société de Manganèse* (4 %) et *Compagnie Métallurgique et Minière Franco-Marocaine* (6,38 %).

MINERAI HÉMATITE — *Mines de Limèle* (Bretagne) appartenant en propre aux Aciéries de Longwy; *Mines de Heras-Santander* (3,87 %).

PRODUITS RÉFRACTAIRES — *Société des Produits réfractaires de Longwy* (45 %), fabriquant des briques de silice et silico-alumineuses.

. * .

Le retour de l'Alsace-Lorraine à la France et d'autre part, la modernisation toujours croissante des usines françaises eurent pour conséquence d'augmenter dans de fortes proportions, sur notre marché national, le tonnage des produits métallurgiques. La recherche des débouchés constitue donc aujourd'hui une des préoccupations primordiales et les Aciéries de Longwy ont créé, dans ce but, une organisation commerciale véritablement unique.

Sa base réside dans la constitution, tant en France qu'à l'étranger, d'un réseau de dépôts et d'agences, où la clientèle peut trouver tous les produits métallurgiques d'usage courant: non seulement (il importe de le faire remarquer), ceux qui proviennent directement des usines de la Société, mais aussi les produits transformés (acier et métaux), fabriqués par des firmes en participation ou simplement amies. A côté des aciers de construction, des ronds pour béton armé, et des tôles de toutes sortes que fabriquent ses laminoirs, on y trouve, par exemple, les tubes en acier avec leurs brides, raccords et accessoires divers, les fils, pointes et grillages, les fontes de canalisation, etc. . . .

En France et dans l'Afrique du Nord, les Aciéries de Longwy possèdent 15 dépôts:

Paris - 116, rue d'Aubervilliers
Lyon - 241 à 249, rue Garibaldi
Marseille - 112, boulevard de Paris
Toulouse - 27, rue Roquelaine
Bordeaux - 39 à 44, Quai Deschamps
Montluçon - *Entrepôts Métallurgiques de Montluçon* - Quai de la Verrerie
Nantes - *Entrepôts Métallurgiques de Nantes* 74, boulevard Babin-Chevaye
Rouen - 7, rue Saint-Lô

et des agences à:

Charleville - 66, cours d'Orléans
Dijon - 4, rue du Docteur Chaussier
Le Mans - 7, boulevard René Levasseur
Belfort - 6, rue Heim

Lille - Rue Hégel à Lomme
Reims - *Comptoir de l'Industrie* - 10-12, Cérès
Nancy - *MM. Aerts, Péquart & Cie* - 83, rue Saint-Georges
Strasbourg - *MM. Aerts, Péquart & Cie* - 9-11, rue Friésé
Casablanca - Rue Prom
Rabat - Avenue Dar-el-Maghzen
Meknès - Avenue de la République prolongée

Alger - 56, rue Michelet
Oran - 7, avenue Loubet
Bône - 14, rue Négrier
Tunis - 33, rue de Constantine

Salonique, Alexandrie, Beyrouth, Charleroi.

Chacun des dépôts est une installation puissante, aménagée pour recevoir par voie fluviale ou ferrée, manutentionner, et entreposer des quantités importantes d'acier et de produits accessoires et les répartir ensuite parmi la clientèle de détail d'une région déterminée. C'est ainsi que les dépôts et magasins de vente de Paris occupent deux emplacements formant un total de 35.000 m² dont 20.000 couverts; le dépôt de Lille comporte 45.500 m² dont 10.000 couverts; celui de Marseille, 39.000 m² dont 14.000 couverts, etc. . . .

SOCIÉTÉ DES ACIÉRIES DE LONGWY
DÉPÔT DE PARIS
AUBERVILLIERS

SOCIÉTÉ DES ACIÉRIES DE LONGWY
DÉPÔT DE LILLE
À LOMME-LEZ-LILLE

SOCIÉTÉ DES ACIÉRIES DE LONGWY
DÉPÔT DE ROUEN

SOCIÉTÉ DES ACIÉRIES DE LONGWY
SIÈGE SOCIAL
DE MONT-SAINT-MARTIN

SOCIÉTÉ DES ACIÉRIES DE LONGWY
DÉPÔT DE MARSEILLE

DÉPÔT DE BORDEAUX

SOCIÉTÉ DES ACIÉRIES DE LONGWY
DÉPÔT DE TOULOUSE

Le problème de l'exportation, qui devient de jour en jour plus pressant, n'a pas été davantage perdu de vue par la Société. Avec le concours d'un puissant groupement, elle a constitué, sous le nom de *Longovica*, une compagnie industrielle et commerciale d'exportation, au capital de 20 millions, dans laquelle elle participe pour 58 %. Cette filiale a installé des dépôts ou agences à Londres, Milan, Bucarest, Buenos-Ayres, Rio-de-Janeiro, Sao Paulo, Calcutta, Bombay, Madras, etc.... — Les Aciéries de Longwy se sont assuré en même temps de fortes participations dans des usines de transformation du métal, et en particulier :

La *Société Louvroil et Recquignies* (12,60 %), au capital de 54 millions, qui s'occupe spécialement de la fabrication de tubes en acier de toutes sortes et d'emboutis pour automobiles, matériel roulant de chemin de fer et tramways, etc.... La production annuelle de cette usine, qui compte 2.100 ouvriers est de 80.000 tonnes de tubes et 8.000 tonnes d'emboutis et divers. Elle reçoit des Aciéries de Longwy des ronds et bandes pour tubes, des tôles pour emboutissage, etc.... ;

97

— Les *Ateliers de Constructions du Nord de la France* à Blanc-Misseron (Nord) (fig. 97) (17,26 %) au capital de 28 millions, qui fabriquent des locomotives et du matériel roulant pour les chemins de fer, tramways, mines et autres industries et commandent aux Aciéries de Longwy une bonne partie des tôles et profilés qui leur sont nécessaires ;

— Les *Anciens Etablissements L. Gauthier* à Valenciennes (fig. 98) (65,70 %), au capital de 5 millions, spécialisés dans la fabrication des fers à cheval et à mulet, des brides pour tubes, et clients des Aciéries de Longwy pour les plats que réclame cette industrie ;

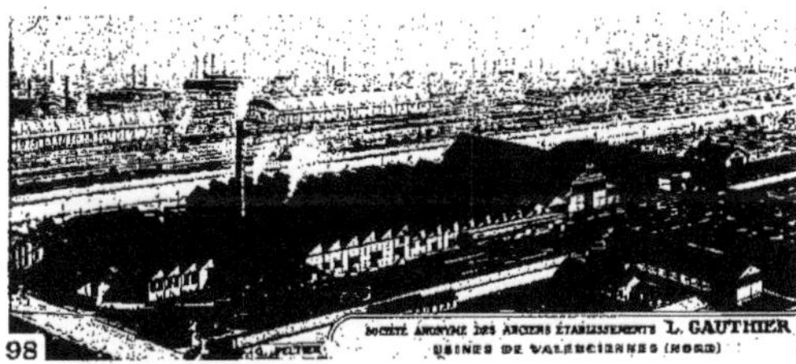

98

— La Société des *Forges et Ateliers de Commentry-Oissel*, au capital de 13 millions, disposant d'ateliers importants pour la fabrication du matériel roulant, de mines, de constructions métalliques, de chaudronnerie, et de maisons en acier ;

— La Société des *Ateliers et Chantiers Maritimes du Sud-Ouest* (fig. 99), possédant 7 cales à Bordeaux pour la construction navale et capables d'une production annuelle de 50.000 tonneaux bruts.

Grâce à l'activité de ces diverses agences et usines de consommation, le chiffre d'affaires qui atteignait 62 millions avant-guerre pour un capital de 30 millions, dépasse aujourd'hui un demi-milliard pour un capital de 105 millions de francs[1].

99

Dans ce chiffre 15 millions représentent le capital originaire et 90 millions les augmentations

---

[1] Augmentation à 131.250.000 francs en cours.

RÉSUMÉ FINANCIER

Numéros	EXERCICE (Au 30 avril des années)	CAPITAL-ACTIONS	OBLIGATIONS en Circulation	RÉSULTATS Bénéfices	RÉSULTATS Pertes	DIVIDENDES	DÉPENSES d'Immobilisation et de Constructions nouvelles	AMORTISSEMENTS sur comptes d'immobilisation, de Constructions nouvelles et de premier Établissement	RÉCAPITULATION des Amortissements annuels — des concessions (Tocage)	divers avant Inventaire	divers après inventaire	TOTAUX	RÉSERVES à la date de chaque bilan après modifications par l'Assemblée générale
							TOTAUX DES EXERCICES PRÉCÉDENTS						
34	1914	91.000.000	14 197 500	155.424.741,62	31.789,28	50.426.200	87.719.233,29	64.067.017,04	1.058.431,64	13.203.080,15	62.312.106,47	77.584.220,26	34.597.218,41
35	1915	30.000.000	14 197 500	23.872.141,89	—	1.500.000	15.280.401,79	6.055.500,—	31.033,20	—	6.055.500,—	6.086.533,20	11.862.980,70
36	1916	30.000.000	14 197 500		—	1.500.000							
37	1917	30 000 000	14 197 500		—	1.500.000							
38	1918	30.000 000	14 197 500		—	1.500.000							
39	1919	30.000.000	13 363 500	4.572.320,42	—	3.000.000	1.600.411,50	408.345,03	—	408.345,03	364.333,12	770.678,17	13.270.255,47
40	1920	45.000.000	24 087 500	12.694.297,30	—	4.500.000	—	509.489,60	911.407,03	509.489,60	—	1.420.806,65	74.920.354,34
41	1921	45.000.000	78 698 500	6.908.645,68	—	4.500.000	23.302.504,15	2.451.377,90	55.831,35	2.385.546,63	—	2.451.377,90	77.178.059,22
42	1922	75.000 000	78.294.000	2.572.337,54	—	4.500.000	11.868.830,72	484.002,94	—	484.002,94	—	484.002,94	74.821.928,30
43	1923	75 000 000	77.878.000	12.664.996,48	—	6.375.000	7.379.386,67	1.790.802,96	—	1.790.802,96	—	1.790.802,96	78.201.813,07
44	1924	75 000 000	77.435 000	20.315.554,26	—	8.775.000	11.513.487,27	2.460.577,83	—	2.460.577,83	—	2.460.577,83	89.300.750,79
45	1925	100.000.000	76 760.500	23.125.109,54	—	9.937.500	19.098.890,45	6.479.021,08	—	6.479.021,98	519.500,—	6.980.421,08	109.892.287,84
46	1926	100 000 000	75 968 000	28.428.399,81	—	12.625.000	17.043.323,06	6.555.750,36	—	6.555.750,36	717.000,—	7.272.750,36	122.712.730,79
47	1927	100.000.000	75 137.000	35.652.710,77	—	13.000.000	26.407.763,43	7.167.219,61	—	7.167.219,61	846.500,—	8.013.719,61	142.844.904,38
48	1928	105.000 000	104 268.000	28.085.513,30	—	13.275.000	16.799.474,74	8.226.766,78	—	8.226.766,78	1.031.000,—	9.257.766,78	147.626.065,92
49	1929	105.000 000	92.253.000	50.423.110,86	—	10.550.000	33.847.709,59	7.497.438,26	—	7.497.438,26	1.088.000,—	8.585.438,26	177.124.810,—
			TOTAUX	391.719.094,96	31.789,28	154.083.700	547.590.592,26	114.152.682,31	2.956.703,14	57.227.544,17	72.933.941,79	133.138.189,10	

successives. Le tout est divisé en 210.000 actions de 500 francs chacune dont 200.000 de la çatégorie A et 10.000 de la catégorie B.

A ce capital doivent s'ajouter l'ensemble des réserves inscrites au bilan au 30 avril 1929 (165 millions) et le fond d'amortissement de 159 millions. Le total, soit 429 millions, représente les versements accumulés depuis 50 années mais comporte, évidemment, du fait de la dépréciation du franc, des unités de valeurs différentes. Convertie en francs actuels, cette somme, représentative du droit des actionnaires dans l'actif social, atteint près de 800 millions. Or, ce chiffre est sensiblement égal au prix de revient, exprimé dans la même unité monétaire, de l'ensemble des installations des aciéries, déduction faite des amortissements imputés en réduction de l'actif.

Depuis l'origine de la Société, le total des dividendes répartis aux actionnaires, atteint, conversion faite en francs de 1930, une somme de 401 millions.

Les obligations et bons en circulation au 1ᵉʳ mai 1930 sont représentés comme suit :

Emission	1919	. . . . .	8085 obligations	4 %	de	500 frs
»	1911	. . . . .	6739	» 4 % »		500 »
»	1920	. . . . .	49030	» 6 % »		500 »
»	1917	. . . . .	58566	» 6 ½ % »		500 »
»	1929	. . . . .	75000	» 5 % »		1000 »

.*.

Les Aciéries de Longwy sont administrées par un Conseil de 9 membres au moins et de 15 membres au plus nommés par l'Assemblée Générale. Ce Conseil est actuellement constitué comme suit :

MM. Dreux Alexandre c. ✳   Maître de Forges, à Mont-Sᵗ-Martin - Président-Délégué du Conseil

    Labbé Paul o. ✳ ✦   Maître de Forges, à Gorcy (M.-et-M.) - Vice-Président

    Crépel Léon o. ✳   Maître de Forges, à Nouzonville (Ardennes)

    Perchot Justin ✳   16, rue de l'Abbé de l'Epée, à Paris (5ᵉ)

    Thomas Henri ✳   Ingénieur des Arts et Manufactures, à Longwy (M.-et-M.)

    Champin Marcel o. ✳   Ancien élève de l'Ecole Polytechnique - 77, avenue Henri-Martin, à Paris (16ᵉ)

    Raty Fernand ✳   Ingénieur des Arts et Manufactures - 12, rue Lincoln, à Paris (8ᵉ)

    Du Roy de Blicquy Ed. ✦   15, avenue de l'Yser, à Etterbeek-Bruxelles (Belgique)

    De Géradon Jules o. ✳ ✦   Membre de la Chambre Belge des Représentants - Château Sainte-Anne par Méry (Belgique)

    Dreux Fernand   Docteur en droit - 38, boulevard de Courcelles, à Paris (17ᵉ)

    Liégeard Gaston ✳   Château de Brochon, par Gevrey-Chambertin (Côte-d'Or)

LE CONSEIL D'ADMINISTRATION DU CINQUANTENAIRE

La Direction effective est confiée à M. A. DREUX, Président du Conseil-Délégué, assisté par un Comité de Direction, choisi dans le Conseil, et par trois directeurs rassemblant sous leur autorité les différents services de l'usine :

MM. Ch. CHARDOT, Ingénieur des Arts et Manufactures, Directeur des Services Administratifs et Commerciaux ;

L. L'HENRY, ancien élève de l'Ecole Polytechnique, Directeur des Services Techniques ;

M. CLÉMENT, Ingénieur des Mines, Directeur des Services des Mines ;

En outre, M. A. MAURICE, Directeur de la Division de Paris est chargé de représenter la Société auprès des Grandes Administrations de la capitale.

III

LES OPÉRATIONS MÉTALLURGIQUES

AUX

ACIÉRIES DE LONGWY

Parmi les personnes à qui cet album est
destiné — actionnaires, obligataires, amis de la
Société à un titre quelconque — rares sont
celles qui ont eu l'occasion de visiter nos usines;
la plupart ne se rendent compte que d'une
façon très sommaire de ce que peut être une
installation métallurgique. Nous pensons être
agréables à tous en plaçant sous leurs yeux,
dans un ordre méthodique et comme pour une
visite filmée, un grand nombre de vues de
nos Etablissements, et avons accompagné ces
photographies d'explications plus nombreuses et
plus complètes que celles que l'on peut donner
au cours d'une visite, même minutieuse.

Après avoir étudié la préparation des matières premières destinées à la fabrication de
l'acier, nous suivrons les opérations métallurgiques proprement dites qui, dans une usine
comme la nôtre, comprennent 3 phases :

transformation du minerai en fonte;
transformation de la fonte en acier;
laminage de l'acier.

Nous examinerons ensuite, en détail, l'organisation commerciale de la Société, les relations
qu'elle entretient avec sa clientèle et en même
temps, les moyens dont elle dispose pour la
servir utilement et rapidement.

CHAPITRE X

LE MINERAI

LES mines de fer qui alimentent les fourneaux de la Société des Aciéries de Longwy, sont de deux sortes: les plus anciennes, situées dans le bassin de Longwy exploitent le minerai à flanc de coteau (Mont-Saint-Martin, Moulaine, Hussigny, Godbrange et Tiercelet), les autres, situées dans le bassin de Briey, sont exploitées par puits.

La mine de Moulaine (fig. 100) fait partie du premier groupe. On y remarque plusieurs ouvertures de galeries superposées, d'où les wagonnets sont dirigés sur des estacades.

De là, le minerai est transporté aux hauts-fourneaux de Moulaine, voisins de la mine, par un

transporteur funiculaire, ou bien culbuté dans des wagons que l'on dirige sur l'usine de Mont-Saint-Martin.

Pour amener les ouvriers à leurs chantiers d'abatage, situés parfois à plusieurs kilomètres de l'entrée, on les transporte dans des trains aménagés à cet effet (fig. 101).

Le travail est infiniment moins pénible dans les mines de fer que dans les mines de charbon.

Les galeries sont larges et très élevées (fig. 102); l'aération y est excellente; il n'y a pas de grisou. On utilise impunément la traction électrique, les lampes à acétylène à feu nu et les

mineurs peuvent fumer à leur aise.

L'abatage se fait à l'explosif. Au moyen de la perforeuse pneumatique, on perce des trous de mine dans lesquels on introduit alternativement une charge de poudre et de la poussière de minerai, comprimée au bourroir. La poudre est allumée au moyen d'une mèche. L'explosion détache une certaine quantité de minerai qu'il suffit de charger après avoir brisé les morceaux les plus volumineux (fig. 103). Les berlines pleines de minerai sont réunies en convois dont la traction est assurée par des locomotives électriques (fig. 104).

L'aspect extérieur des mines de fer de la région de Briey est tout autre et rappelle plutôt, celui des mines de charbon.

Les installations de surface sont dominées par le chevalement (fig. 105) où l'on remarque les câbles qui, venant de la machine d'extraction, passent sur des poulies dénommées molettes et plongent ensuite dans le puits. Les bâtiments abritent, à droite, la machine d'extraction; au centre et à gauche, la manutention du minerai.

La machine d'extraction (fig. 106) actionne un treuil sur lequel s'enroulent et se déroulent les câbles supportant les cages. Le mécanicien a constamment sous les yeux l'indicateur de position portant une échelle graduée le long de laquelle se déplacent deux curseurs actionnés

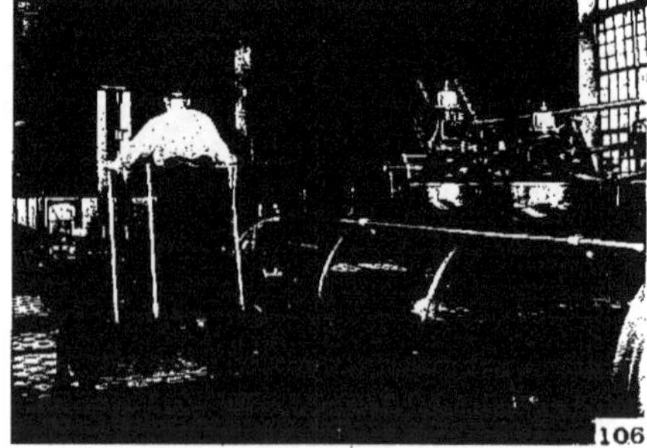

par la machine. Ces derniers indiquent, à chaque instant à quel endroit se trouvent les cages dans le puits, ce qui permet au machiniste de ralentir au moment de leur arrivée à la recette.

La mine de Tucquegnieux est plus confortablement aménagée que celles du bassin de Longwy (fig. 107). Les galeries sont de véritables tunnels où les trains électriques circulent sur une double voie avec signalisation lumineuse rappelant celle du métropolitain.

Outre la préparation des coups de mine et le chargement des berlines, le mineur s'occupe encore de la pose des boisages provisoires. Ceux-ci sont destinés à retarder l'éboulement des morts-terrains jusqu'à ce que le front de taille ait eu le temps de progresser.

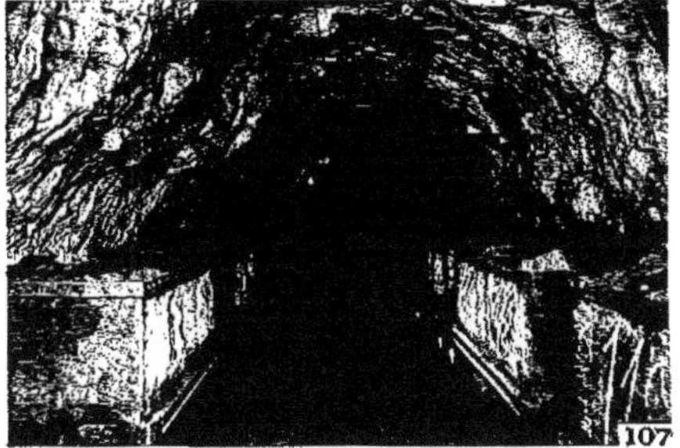

Il arrive parfois que des blocs de minerai, partiellement ébranlés par l'explosion, ne se détachent que tardivement et occasionnent des accidents qui constituent, à vrai dire, le seul danger de ces mines. Aussi, les maîtres-mineurs doivent-ils faire sonder le plafond pour en faire tomber les blocs prêts à se détacher (fig. 108).

Les mines du bassin de Briey, situées sous un plateau fissuré perméable et qui reçoit des pluies abondantes, draînent des quantités d'eau considérables, variables suivant les saisons.

A Tucquegnieux, la venue d'eau atteint parfois 20 m^3 à la minute. Aussi, les pompes doivent-elles être très largement prévues pour parer à tous aléas.

Autrefois, on employait des pompes à vapeur; maintenant, ce sont surtout des groupes électro-pompes (fig. 109).

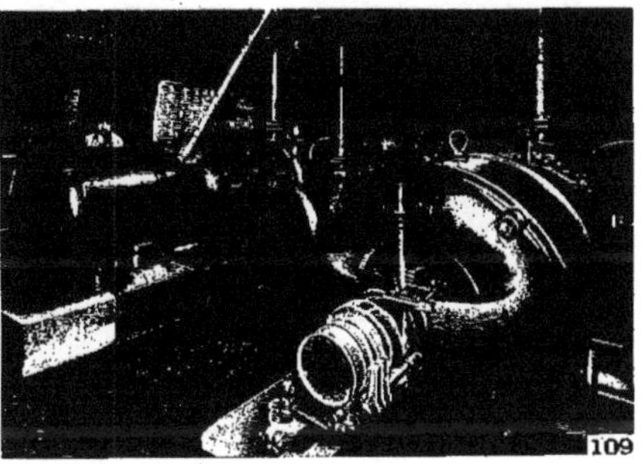

Dans les anciens travaux disposés aux parties les plus basses de la mine, on prévoit des espaces libres, dénommés *albraques*, suffisants pour accumuler des dizaines de milliers de mètres cubes d'eau et éviter ainsi tout accident.

Parfois, cependant, on est obligé de condamner un quartier de la mine où l'arrivée d'eau est trop importante; on le fait au moyen de barrages en maçonnerie (fig. 110) de plusieurs mètres d'épaisseur que l'on dispose aux endroits où les terrains encaissants sont particulièrement solides.

Un manomètre indique la pression de l'eau derrière le barrage; une vanne y reste ménagée pour permettre, le cas échéant, de vider le réservoir ainsi formé et y reprendre, au besoin, quelques travaux.

Après avoir été pesées, les berlines pleines de minerai sont acheminées vers la base du puits d'extraction ; elles sont introduites dans la cage d'extraction et remontées au jour. La cage effectue cette ascension en se déplaçant dans les guidages du puits, prolongés par ceux du chevalement.

Lorsqu'elles arrivent en haut, les berlines pleines en sont extraites d'un côté (fig. 111), tandis que sur la face opposée du chevalement, d'autres ouvriers font pénétrer les vides (fig. 112) prêtes à redescendre au fond.

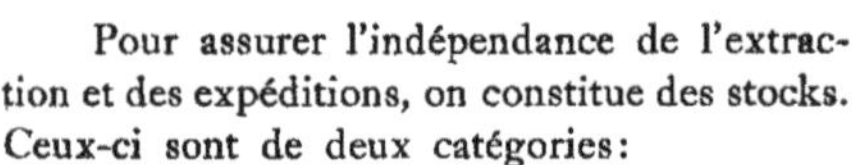

Les berlines chargées sont alors engagées sur des voies légèrement inclinées où elles cheminent seules (fig. 113); elles se dirigent vers des culbuteurs qui leur font faire un tour complet sur elles-mêmes en déversant leur contenu dans des trémies et de là, dans les wagons situés au-dessous. Après quoi, un câble tracteur leur fait gravir une rampe qui les ramène à l'arrière de la cage d'extraction pour recommencer leur cycle.

Pour assurer l'indépendance de l'extraction et des expéditions, on constitue des stocks. Ceux-ci sont de deux catégories :

D'une part, des accumulateurs permettent d'emmagasiner le minerai correspondant à deux journées d'extraction. Ce sont des réservoirs en tôle (fig. 114) à la partie inférieure desquels se trouvent des trappes qu'on actionne au moyen d'un volant (fig. 115). Pour les desservir, des culbuteurs sont montés sur un pont roulant (fig. 116) qui peut recevoir un mouvement transversal et répartit ainsi le contenu des berlines sur toute la surface des accumulateurs.

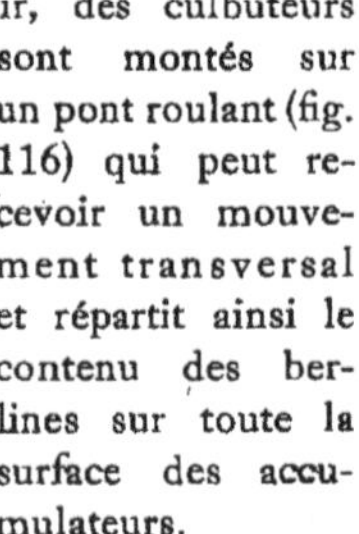

un culbuteur dans lequel on amène les berlines pour les déverser à l'endroit choisi (fig. 117).

Un appareil à grappin permet de reprendre au stock et de charger directement les wagons (fig. 118).

D'autre part, pour stocker des quantités plus importantes, on constitue des entassements pouvant dépasser 100.000 tonnes. Ils sont desservis par un portique roulant sur lequel peut se déplacer

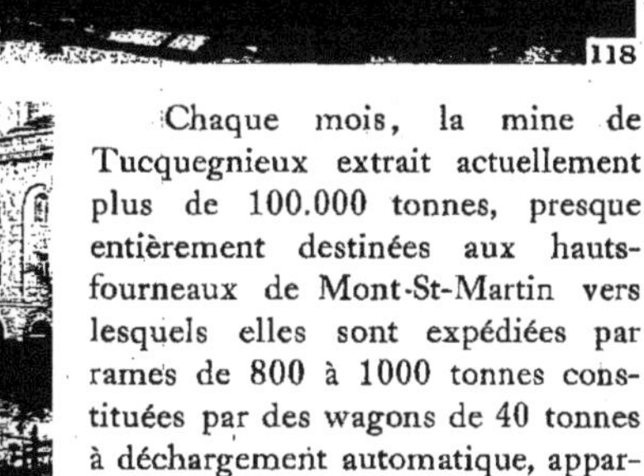

Chaque mois, la mine de Tucquegnieux extrait actuellement plus de 100.000 tonnes, presque entièrement destinées aux hauts-fourneaux de Mont-St-Martin vers lesquels elles sont expédiées par rames de 800 à 1000 tonnes constituées par des wagons de 40 tonnes à déchargement automatique, appartenant à la Société des Aciéries de Longwy (fig. 119).

CHAPITRE XI

LE CHARBON

LA Société des Aciéries de Longwy reçoit son charbon de différentes provenances, notamment de la Mine *Carl-Alexander* (Bassin d'Aix-la-Chapelle), dont elle possède moitié du capital.

Ce gisement, qui se rattache à celui du Limbourg hollandais, constitue la liaison entre le bassin allemand de la Wurm et le bassin belge de la Campine. Sa puissance est estimée à 650 millions de tonnes de charbon tenant 16 à 25 % de matières volatiles et convenant tout particulièrement pour les chaudières, les foyers domestiques et la fabrication du coke,

Le siège d'extraction est situé à *Baesweiler* (fig. 120). Il comprend deux puits voisins ayant un diamètre utile de 5 mètres et une profondeur de 645 m. Ils sont divisés diamétralement en deux parties, équipées chacune comme un puits ordinaire. Cette disposition se remarque à l'aspect des chevalements qui sont doubles, c'est-à-dire desservis chacun par deux machines d'extraction placées symétriquement de part et d'autre.

La machine d'extraction (fig. 121), analogue

à celle que nous avons vue à Tucquegnieux est plus puissante, pour pouvoir travailler à 625 mètres de profondeur. Le mécanicien se trouve au centre. Il a devant lui un indicateur de position analogue à celui que nous avons déjà décrit.

On ne peut donner des photographies du fond de la mine. En effet, celle-ci étant grisouteuse, il est impossible d'y faire usage du magnésium, de lampes à acétylène à feu nu ni d'éclairage électrique, en raison des étincelles qui peuvent se produire et occasionner des explosions.

La recette est double. L'encagement et le décagement ont lieu d'une manière automatique, par la gravité, les voies ayant une inclinaison suffisante pour que les berlines démarrent seules.

On voit sur la figure 122 des berlines pleines qui viennent de sortir de la cage.

Aussitôt après, les berlines vides qui se trouvent de l'autre côté, s'introduisent à leur place (fig. 123). Comme chacune des cages comporte plusieurs étages de 2 berlines, dès que la substitution des vides aux pleines a été faite dans l'étage supérieur de la cage, le machiniste la fait monter et lès mêmes opérations se font alors à l'étage inférieur.

A ce moment, les 4 berlines pleines que renfermait la cage ont été remplacées par un même nombre de berlines vides; en même temps, la cage correspondante qui se trouve au fond de la mine, a reçu au contraire des berlines pleines à la place des vides.

On met alors la machine en action pour une autre « cordée ».

Les berlines pleines passent dans des culbuteurs (fig. 124) qui les vident de leur contenu. Poursuivant leur chemin, elles viennent d'elles-mêmes se ranger à

la partie inférieure d'un plan incliné où elles sont saisies par des doigts mobiles qui leur font gravir une rampe, compensant la légère pente de tout le circuit qu'elles ont fait jusqu'alors.

Du sommet de cette rampe, elles sont acheminées de nouveau, par la gravité, à l'endroit convenable pour l'encagement.

Le charbon sorti des culbuteurs tombe sur une bande transporteuse constituée par des éléments de grilles, qui laissent passer tous les menus et petits morceaux et ne retiennent que les gros criblés de plus de 80 mm.

Cette grille transporteuse circule entre une double rangée d'ouvriers (fig. 125) qui retirent à la main tous les morceaux où ils reconnaissent du schiste, et les jettent dans des berlines disposées derrière eux. Les gros criblés débarrassés de leur schiste continuent leur parcours et finalement culbutent dans les wagons (fig. 126).

Les charbons de moins de 80 mm qui ont passé à travers les barreaux de la grille, sont amenés par une courroie transporteuse dans un silo à charbon brut de 1500 tonnes de capacité. Ils sont repris à la base par une chaîne à godets (fig. 127) qui les amène au sommet du lavoir et les déverse dans un trommel de classement, où ils sont séparés en charbons de 0 à 10 mm dénommés fines, et charbons de 10 à 80 mm dénommés noix.

Le 10-80 est amené par des couloirs à courant d'eau dans une série spéciale de lavoirs. Ce sont des bacs remplis d'eau qui reçoivent constamment un mouvement de pulsation au moyen de pistons plongeurs mûs par des excentriques (fig. 128).

Ces pulsations font, en quelque sorte, danser le charbon dans l'eau et ce mouvement entraîne le classement des morceaux par ordre de densité.

Les schistes et les mixtes étant plus lourds que le charbon, descendent peu à peu à la partie inférieure des cuves; le charbon propre reste à la partie supérieure. Les schistes sont repris par une noria, déversés sur un transporteur à schistes et évacués; les mixtes passent dans un broyeur, puis sont relavés.

Le charbon lavé est amené par un courant d'eau sur un crible classeur qui sépare les grains en quatre catégories de « noix » marchandes:

Noix I (50-80)	Noix III (20-30)
Noix II (30-50)	Noix IV (10-20)

MOUVEMENT DES MATIÈRES AU CHARBONNAGE

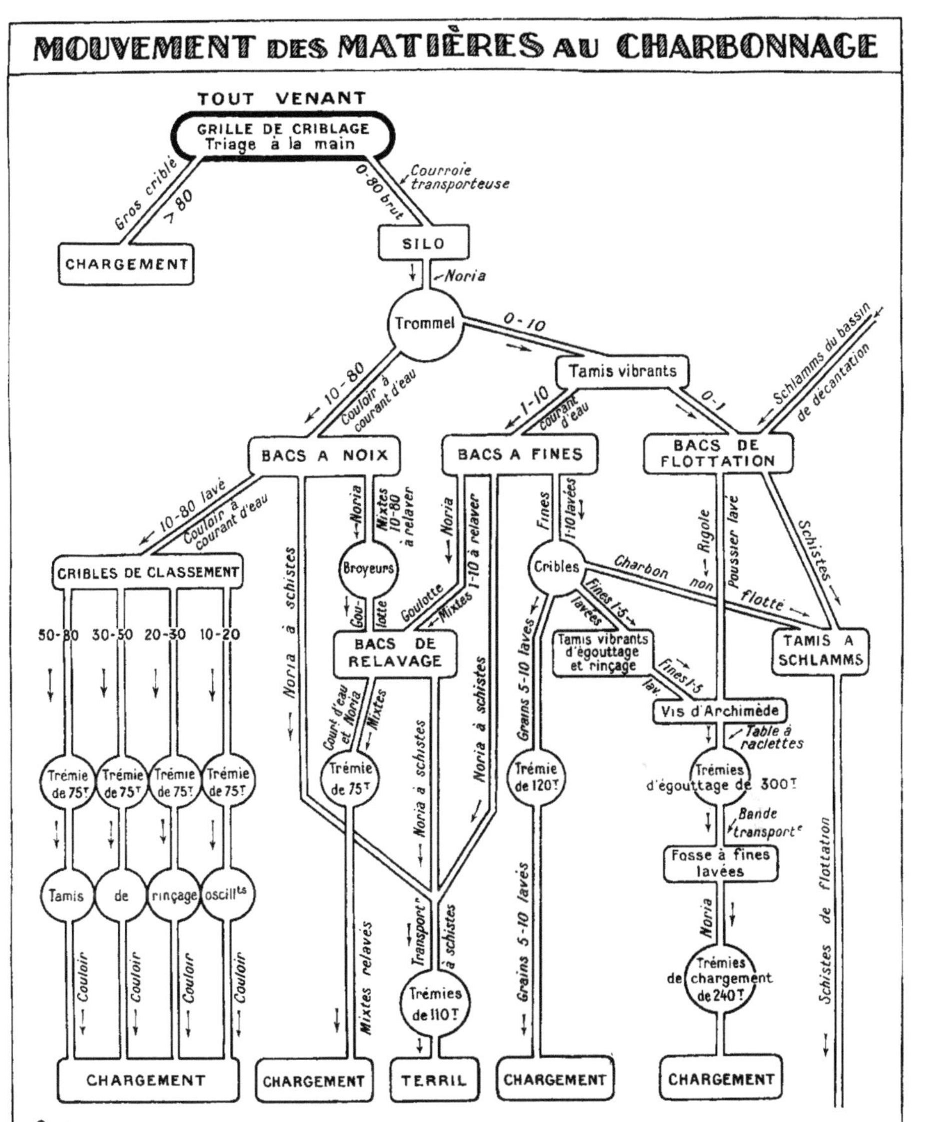

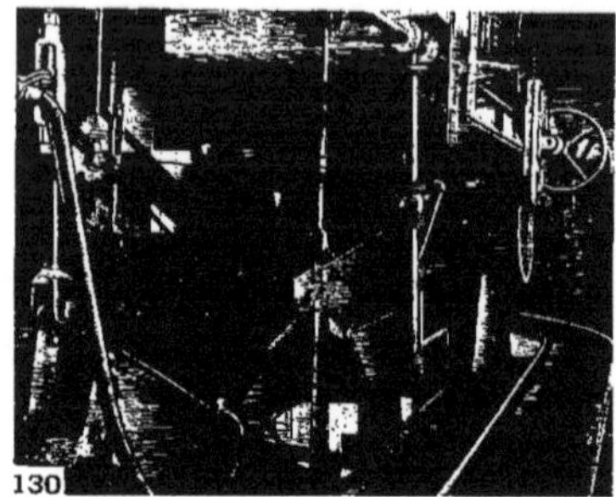
130

Chacune de ces catégories est emmagasinée séparément dans des trémies d'une capacité de 75 t. Les noix sont rincées sur tamis oscillants (fig. 130) sous un jet d'eau énergique, et chargées en wagons par un couloir.

Le 0-10 est dépoussiéré sur 3 tamis vibrants arrosés, qui le séparent en poussier 0-1 et en fines 1-10. Ces dernières sont entraînées par un courant d'eau aux bacs des lavoirs à fines, analogues aux bacs à noix. Ces lavoirs séparent les schistes qui sont évacués et les

mixtes qui peuvent être passés aux bacs de relavage. Les charbons propres et les fines sont égouttés et rincés sur tamis vibrants et tombent dans une vis d'Archimède qui les entraîne dans des trémies d'égouttage de 300 tonnes.

Le poussier 0-1 provenant des tamis vibrants dépoussiéreurs est traité par un procédé spécial dit de flottation, basé sur le principe de la capillarité et qui a pour résultat d'en éliminer les parties schisteuses.

131

L'écume provenant de ces lavoirs est essorée, et le poussier lavé est dirigé sur la vis d'Archimède où il se mélange aux fines 1-10 pour être entraîné avec elles sur les trémies d'égouttage. Les fines 0-10 reconstituées ainsi après lavage sont reprises à la base de ces trémies par une bande transporteuse (fig. 131), puis par une noria qui les monte dans des trémies de chargement de 240 tonnes de capacité, à la base desquelles se fait le chargement sur wagons.

CHAPITRE XII

LE COKE

L A houille en raison de sa friabilité et de sa teneur en matières volatiles ne peut être utilisée telle quelle dans les hauts-fourneaux. Il est nécessaire de la transformer en un combustible plus résistant, le coke métallurgique. Cette transformation s'effectue dans des fours à coke.

Selon les circonstances, ceux-ci sont établis :

— aux charbonnages mêmes ou à leur proximité immédiate ;

— à un endroit convenablement choisi pour s'approvisionner aisément à plusieurs sources ;

— dans les usines métallurgiques dans lesquelles on trouve une utilisation particulièrement avantageuse des gaz produits par la distillation de la houille.

Les fours à coke qui alimentent les Aciéries de Longwy participent de ces trois catégories. Les uns, appartenant à la *Société Lorraine de Carbonisation* sont situés à Auby, près de Douai, dans le voisinage immédiat des mines de charbon du Nord. D'autres, propriété de la *Société Zélandaise de Carbonisation* sont situés à Terneuzen (Hollande) sur le bord du canal de Gand à la mer ; ils peuvent recevoir, dans les conditions les plus avantageuses, des fines à coke provenant d'Angleterre, de Westphalie ou de Hollande. Enfin, la Société a construit dans ses usines de Mont-Saint-Martin, une batterie de 45 fours à coke, qu'elle doit doubler ultérieurement et où elle consomme les fines de son charbonnage de Carl-Alexander en mélange avec les houilles de la Sarre, en attendant qu'elle puisse disposer des charbons des mines lorraines dans lesquelles elle possède des participations : Faulquemont, Longeville et Haute-Vigneulles.

Les sous-produits de la distillation des charbons sont récupérés avec soin : ils trouvent, en effet, des emplois de plus en plus nombreux dans l'industrie chimique. Une cokerie devient une véritable usine, comprenant les appareils de manutention, les fours à coke proprement dits et l'ensemble des appareils de récupération.

APPAREILS DE MANUTENTION — Ces appareils varient suivant l'emplacement et la disposition des fours à coke. A Sluiskil où les charbons arrivent par eau, l'appareil de

déchargement puise directement dans les bateaux au moyen de grappins de 3 tonnes (fig. 132) et verse le charbon à ciel ouvert dans les silos d'emmagasinement (fig. 133).

A Mont-Saint-Martin, les charbons sont versés à l'arrivée des wagons par un culbuteur, puis repris par un appareil spécial (fig. 134) qui les entasse sur l'aire de stockage où ils sont triés.

Les différentes qualités de charbon sont, dès leur arrivée ou par reprise au stock, réparties dans des silos affectés chacun à une provenance déterminée (bâtiment de droite de la fig. 135).

A la base de chacun de ces silos, une trémie distribue les charbons à une sole doseuse (fig. 136) réglée pour débiter régulièrement la quantité voulue, de façon à obtenir un mélange de composition constante.

Une même courroie transporteuse reçoit ensuite ces charbons et les conduit à des vis de mélange renfermées dans des carters (fig. 136), puis à des broyeurs où ils sont soumis à

l'action des tambours à barreaux (fig. 137). A la base du bâtiment où s'effectue cette opération (partie centrale de la fig. 135) le mélange, prêt à l'emploi est repris et transporté au haut de la tour à charbon (même figure, partie gauche).

Pour préparer le chargement des fours, on amène sous la tour un wagon de forme spéciale, le coal-car, comportant 5 trémies montées sur une charpente actionnée électriquement et pouvant se déplacer sur la partie supérieure des fours. Les ouvertures de la base de la tour correspondent à l'orifice supérieur des trémies du coal-car; les ouvertures inférieures de celles-ci correspondent à leur tour aux trous de chargement des fours. Sur une bascule appropriée on contrôle le poids du charbon qui doit correspondre à la capacité d'un four (12 à 15 tonnes).

FOURS A COKE — La maçonnerie principale de la batterie des fours à coke est essentiellement composée d'une série de murs parallèles de 13 m de longueur et laissant entre eux un intervalle de 0 m 40. A Mont-Saint-Martin ces murs sont au nombre de 46 et comportent, par suite, 45 intervalles (fig. 138), recouverts d'une voûte et fermés aux deux extrémités par des portes en briques: ce sont les fours à coke. Les murs intermédiaires

sont établis en briques réfractaires entre lesquelles ont été aménagés des carneaux servant au chauffage.

A la partie supérieure de la batterie se trouve la voie sur laquelle se déplace le coal-car (fig. 139).

On remarque entre les rails cinq rangées d'ouvertures circulaires fermées par des couvercles.

Pour charger un four, on enlève les couvercles de ces 5 ouvertures et l'on amène le coal-car; lorsque ses trémies se trouvent exactement au-dessus, on démasque leur base au moyen d'un levier et le charbon tombe dans le four. Il forme alors à l'intérieur 5 tas contigus dont l'ensemble ne présente pas une surface horizontale. Pour la régulariser, on fait pénétrer par le haut d'une

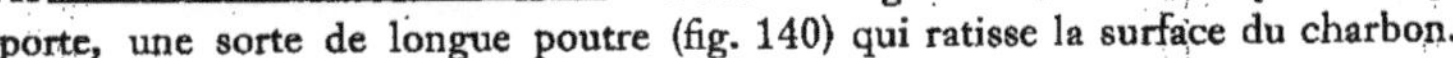

porte, une sorte de longue poutre (fig. 140) qui ratisse la surface du charbon.

Le chauffage des fours est obtenu par la combustion d'un mélange de gaz et d'air. Le charbon se trouve ainsi comme en vase clos entre 2 murs de briques incandescentes et distille sans brûler, en abandonnant toutes ses matières volatiles. Au bout de 15 à 20 heures, la cuisson est terminée; le charbon s'est transformé en coke.

Pour défourner ce résidu qui se présente sous l'aspect d'un saumon fissuré, on ouvre l'une des portes d'extrémité au moyen des supports à crochets dont est munie la machine représentée à la fig. 141.

Cette défourneuse introduit par l'ouverture la longue et lourde crémaillère située à sa partie médiane et qui se termine du côté du four par un bouclier (fig. 142).

Ainsi repoussé, le coke sort par l'autre extrémité qui a été ouverte en même temps, traverse le guide-coke et est reçu dans un wagon métallique spécial, le cok-car (fig. 143). Transporté aussitôt à l'état incandescent sous la tour d'arrosage il reçoit une cascade d'eau qui l'éteint (fig. 144).

Le wagon revient devant les fours et le coke est déversé sur une aire inclinée (fig. 145) où il achève de se refroidir; en levant les taquets d'arrêts placés à la base de cette aire, on le fait tomber sur une courroie transporteuse qui l'amène à la station de criblage; c'est là qu'on le débarrasse des menus morceaux impropres à l'utilisation aux hauts-fourneaux.

USINE A SOUS-PRODUITS — La distillation du charbon fournit une quantité considérable de gaz (300 m^3 par tonne de charbon) renfermant une foule de produits, qui sont récupérés de jour en jour, plus complètement, sous trois formes distinctes: eaux ammoniacales, goudron et benzols. On obtient ces sous-produits par condensation.

A cet effet, le gaz est amené par un tuyau, de chacun des fours dans un collecteur général appelé barillet (fig. 146) où il commence à perdre de sa chaleur; de là, il passe dans des conduites disposées en chicane et refroidies extérieurement par une pluie d'eau. Les goudrons et les eaux ammoniacales se condensent; on les sépare par décantation. Le gaz arrive ensuite dans des laveurs (fig. 147) dans lesquels une huile lourde de goudron absorbe les benzols. Les trois produits bruts extraits sont alors traités séparément.

Les eaux ammoniacales passent dans une colonne de distillation et l'ammoniaque, ainsi

séparée, envoyée dans des saturateurs, se combine à l'acide sulfurique dilué pour donner naissance au sulfate d'ammoniaque. Ce produit, essoré, est mis en magasin (fig. 148) pour être livré à l'agriculture qui l'utilise comme engrais en quantités de plus en plus grandes.

Les goudrons sont tout d'abord déshydratés par des appareils spéciaux (fig. 149), puis soumis à une distillation fractionnée dans une colonne constituée par un empilage de cuvettes. On recueille ainsi, en différents points de la colonne toute une série d'huiles diverses: huiles

MOUVEMENT DES MATIÈRES À LA COKERIE

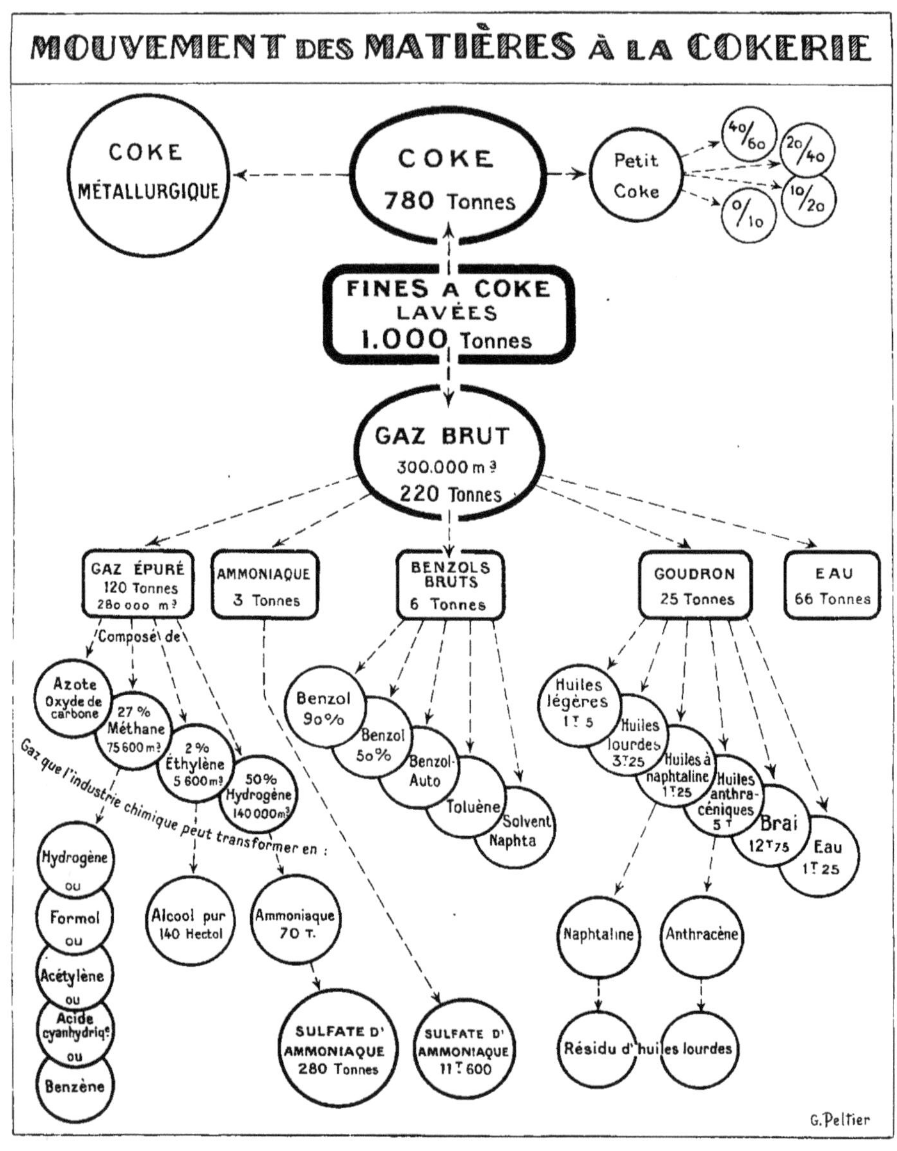

légères, à naphtaline, lourdes et anthracéniques. Le résidu forme le brai qui, après refroidissement dans des étouffoirs (fig. 151) sert à la fabrication des briquettes, agglomérés de charbon et du produit dénommé à tort « bitume »; il est quelquefois utilisé pour le revêtement des trottoirs.

Les huiles à naphtaline sont dirigées vers des cristallisoirs (fig. 152) et les huiles anthracéniques vers des essoreuses (fig. 153) qui permettent d'en séparer la naphtaline et l'anthracène.

Ces deux produits sont utilisés pour la fabrication des matières colorantes, des explosifs, etc...

Les benzols, en dissolution dans les huiles lourdes, sont soumis également à la distillation, qui s'effectue en deux opérations.

Tout d'abord, on se borne à séparer la masse des benzols bruts dans des appareils à action continue dites colonnes de désessenciement (fig. 154); ensuite par distillation fractionnée, dans des colonnes de déphlegmation, on recueille les divers benzols par ordre de densités. Les huiles lourdes repassent ensuite dans des réfrigérants tubulaires arrosés d'eau (fig. 155); après quoi, elles peuvent servir, le cas échéant, pour un nouveau débenzolage.

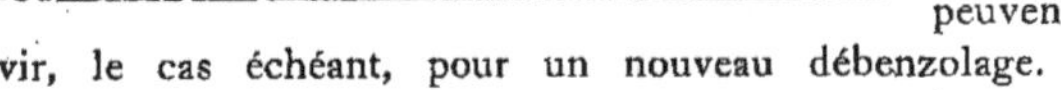

On recueille ainsi séparément le benzol 90 %, le toluol, le solvent-naphta, la benzine-régie, le benzol-auto, le benzol-50 %, le benzène pur et le toluène pur.

Ces produits, qui correspondent chacun à des qualités bien déterminées, sont utilisés les uns comme carburants, les autres pour le dégraissage ou, dans l'industrie chimique, pour la fabrication des explosifs et des matières colorantes.

De son côté, le gaz est susceptible d'être affecté à de nombreux usages. En raison de sa richesse en hydrogène (50 %) on peut l'utiliser pour la fabrication de l'ammoniaque synthétique; c'est le cas aux fours à coke de Sluiskil, où l'Association Coopérative Zélandaise de Carbonisation, filiale des Aciéries de Longwy, a cédé par contrat son gaz disponible à la *Compagnie Néerlandaise de l'Azote*, qui construit d'immenses usines, dans le voisinage, pour cette fabrication.

Les cokeries emploient le gaz qu'elles produisent dans une proportion de 40 % environ, au chauffage des fours eux-mêmes. Une canalisation régnant sous l'infrastructure des fours et aboutissant aux carneaux comme nous l'avons dit plus haut, y amène les gaz qui sont brûlés en mélange avec l'air.

Le gaz restant, soit 60 % environ, constitue un combustible qu'on emploie au mieux des circonstances locales:

— ou bien comme gaz d'éclairage, livré aux particuliers pour tous usages domestiques et industriels; c'est le cas des fours à coke d'Auby, filiale des Aciéries de Longwy, qui alimentent en partie les conduites de la Société Régionale du Gaz à Douai;

— ou bien pour le chauffage des fours métallurgiques, comme à la cokerie de Mont-Saint-Martin, qui fournit du gaz aux fours de l'Aciérie Martin;

— ou bien pour le chauffage des chaudières d'une centrale électrique; le gaz disponible que produit 1000 tonnes de charbon donne ainsi de 180 à 200.000 KWS;

— enfin les torches qui illuminent certains fours à coke indiquent que, malheureusement, une proportion de ce gaz si précieux est encore perdue par combustion directe à l'air; mais c'est là un gaspillage qui tend de plus en plus à disparaître.

CHAPITRE XIII

LA CHAUX

L A fabrication de l'acier par le procédé Thomas absorbe d'assez grandes quantités de chaux. Les besoins des Aciéries de Longwy sont assurés par les fours de Billemont, près Verdun (fig. 156).

Le sol des collines qui bordent la Meuse dans cette région est constitué par des massifs de calcaire très pur et très blanc, réalisant une pierre à chaux idéale. Ce calcaire est exploité en carrières à ciel ouvert (fig. 157). Les wagonnets chargés sont conduits par une petite locomotive au pied d'un plan incliné où ils sont saisis par les doigts d'une chaîne sans fin qui leur fait gravir la pente conduisant aux fours; l'autre brin de cette chaîne retient les wagons vides à la descente (fig. 158).

Amenée ainsi sur la plate-forme supérieure la pierre est culbutée dans les fours. On la

mélange à des charbons menus de médiocre qualité, utilisés comme combustible (fig. 159).

Les ouvriers ne sont gênés dans leur travail par aucune fumée, car les gaz de combustion et l'acide carbonique produit par la décomposition du calcaire sont évacués complètement au moyen d'une cheminée en tôle.

Les matières chargées au sommet du four descendent peu à peu; il faut à peu près deux jours et demi à trois jours pour qu'elles arrivent à la partie inférieure. A ce moment, la chaux est faite.

Les fours étant librement ouverts à leur base, les matières se refroidissent naturellement à l'appel d'air que produit la cheminée. On les défourne périodiquement (fig. 160); la chaux est transportée par wagonnets jusqu'au train d'expédition (fig. 161). Pour éviter l'action de la pluie sur la chaux vive, on recouvre les wagons d'une bâche imperméable.

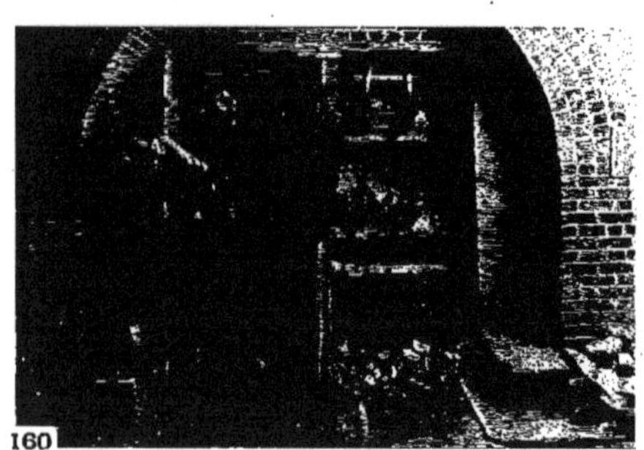

La production journalière des 4 fours de Billemont est de 240 tonnes.

CHAPITRE XIV

LA FONTE

LA fonte résulte de la réduction de l'oxyde de fer par l'oxyde de carbone provenant de la combustion du coke. Les réactions chimiques s'expliqueront clairement en suivant les gaz dans leur marche ascendante. L'air insufflé à la partie inférieure du haut-fourneau provoque la combustion du coke qui, en présence d'un excès de combustible, donne de l'oxyde de carbone. Une partie de ce gaz réduit l'oxyde de fer et se transforme en acide carbonique; mais il en subsiste encore une certaine proportion que l'on capte à la partie supérieure pour son utilisation ultérieure, comme nous le verrons plus loin.

La réduction du minerai par l'oxyde de carbone donne naissance à deux produits: la gangue fond simplement en donnant une matière inerte que l'on nomme le laitier; l'oxyde de fer donne du fer qui, dissolvant un peu du carbone en excès, constitue la fonte.

Dans la figure 162, on distingue, parmi les charpentes métalliques qui en soutiennent les accessoires, le haut-fourneau proprement dit, construit en briques réfractaires, et qui comprend trois parties:

— en bas, le creuset cylindrique, où s'accumule la fonte au fur et à mesure de sa formation;

— au-dessus, une partie évasée, les « étalages », portant les tuyères (fig. 163) qui insufflent l'air ou vent dans le haut-fourneau;

— puis, une sorte de tour massive, légèrement conique, qui écraserait les étalages, si elle n'était supportée par une poutre métallique circulaire, dite marâtre, reposant elle-même sur de fortes consoles;

— enfin, coiffant le tout, la plate-forme ou gueulard et la tuyauterie de captation des gaz. Afin de rendre cet ensemble indépendant de la maçonnerie, on le fait supporter par une charpente spéciale, à l'intérieur de laquelle le haut-fourneau est ainsi libre de toute charge.

En raison de la complexité des opérations au haut-fourneau, nous allons étudier successivement la marche des matières et le circuit des gaz.

MARCHE DES MATIÈRES

Le minerai consommé aux hauts-fourneaux de Mont-Saint-Martin provient, comme nous l'avons vu, des mines que la Société possède à Mont-Saint-Martin, Moulaine, et Tucquegnieux et des filiales minières de Valleroy, Hussigny, Godbrange et Tiercelet. Ces mines approvisionnent l'usine en deux qualités de minerai qui se distinguent par leur gangue et qui, mélangées en proportions convenables permettent d'obtenir le laitier sans addition de fondant ou de castine.

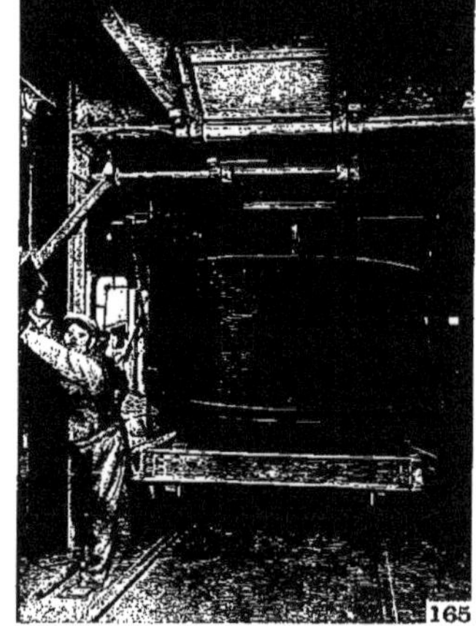

Les rames de minerai arrivant de Tucquegnieux et de Valleroy sont refoulées à la partie supérieure de grandes cases dites « accumulateurs à minerai ». Le déchargement des wagons est automatique; il suffit pour les vider d'actionner une tige de manœuvre qui libère simultanément toutes les portières d'un côté (fig. 164); le plancher ayant une forte et double inclinaison, le minerai descend par son propre poids et tombe dans les accumulateurs. On le reprend à la partie inférieure, en actionnant des trappes aménagées à cet effet pour en remplir les bennes destinées au chargement du haut-fourneau (fig. 165).

Quant au coke, il est autant que possible, déversé directement des wagons particuliers utilisés pour son transport, dans la benne de chargement (fig. 166). Cette benne, à l'usage commun du minerai et du coke, est une cuve dont la base est rétrécie en forme de tronc de cône, et qui est fermée à ses deux extrémités: à la partie supérieure, par un couvercle que le chariot transporteur peut, à volonté, baisser ou relever; à la base, par un fond conique, dirigé en sens inverse du tronc de cône inférieur de la cuve et qu'une tige centrale abaisse ou relève à volonté.

Lorsque la cuve a reçu son chargement, elle vient s'accrocher au monte-charge (fig. 167). On met le treuil en marche et la benne s'élève vers le gueulard. Les chemins de roulement du plan incliné sont construits de telle sorte que le fond de la benne vienne s'appliquer exactement sur le cône de fermeture du gueulard (fig. 168). A ce moment, le treuil continue son mouvement qui a pour effet de fermer tout d'abord le couvercle de la benne, et ensuite d'abaisser la tige centrale qui entraîne vers le bas le cône de fermeture du gueulard. Les matières peuvent alors passer librement dans le haut-fourneau.

Dans le bassin de Longwy, on emploie un peu moins de 3.000 kgs de minerai et un peu plus de 1.000 kgs de coke pour obtenir une tonne de fonte.

La charge met environ 20 heures à descendre du gueulard au creuset. Le minerai ne contenant que 33 % environ de fer, le laitier est produit en plus grande quantité que la fonte; pour le laisser échapper, on ouvre toutes les deux heures environ, le trou de coulée latéral situé à la partie supérieure du creuset. Toutes les cinq heures environ, on évacue la fonte en ouvrant le trou de coulée inférieur. Les fondeurs ayant préparé un chenal, saisissent un ringard au moyen duquel ils attaquent le bouchon de terre réfractaire qui ferme le trou de coulée (fig. 169).

Le chenal ménagé dans le sable, comporte un barrage (fig. 170) constitué par une plaque métallique garnie de sable. La fonte plus lourde, passe en siphon sous cet obstacle et se dirige vers la halle ou les poches de coulée; le laitier, plus léger, est arrêté et s'écoule par une rigole latérale (à droite, sur la fig. ci-contre).

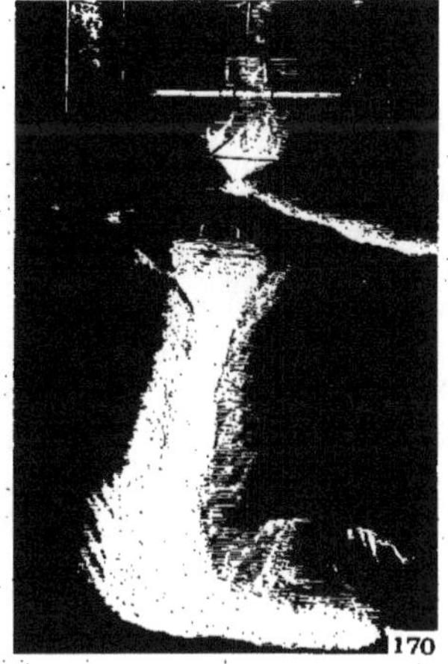

Il est recueilli dans de grandes cuves (fig. 171) que l'on rassemble par convois (fig. 172) pour les

172

171

conduire au sommet du crassier (fig. 173) où elles sont vidées.

173

Dans la région de Longwy, un fourneau produit un peu plus de deux tonnes de laitier pour une tonne de fonte.

La production de Mont-Saint-Martin, est donc quotidiennement d'environ 3.000 tonnes de laitier, représentant le contenu de 165 poches de 18 tonnes.

Il est fâcheux que l'utilisation de ce laitier ne porte encore actuellement que sur de faibles quantités; la plus grande partie de la production encombre le voisinage des usines métallurgiques d'énormes et affreux crassiers.

La coulée de la fonte s'effectue de deux façons:
— en halle, s'il s'agit de fonte de moulage (fig. 174);
— en poche, lorsque la fonte est destinée à l'aciérie.

Dans le premier cas, on prépare la halle à l'avance, en traçant, dans le sable, un chenal principal partant du trou de coulée ainsi que des dérivations.

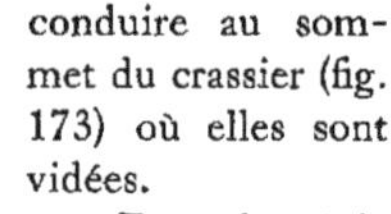

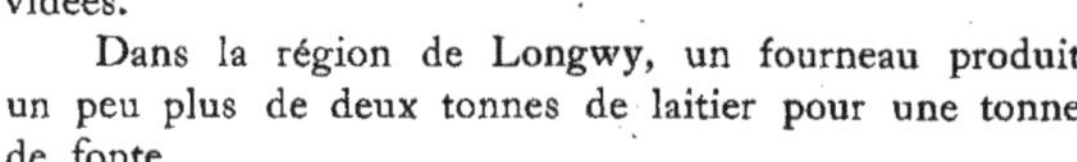

174

175

Des outils appropriés arrêtent la fonte et l'obligent à s'écouler successivement dans chacun des chantiers latéraux (fig. 175). Après refroidissement, on la brise en morceaux appelés « gueuses ».

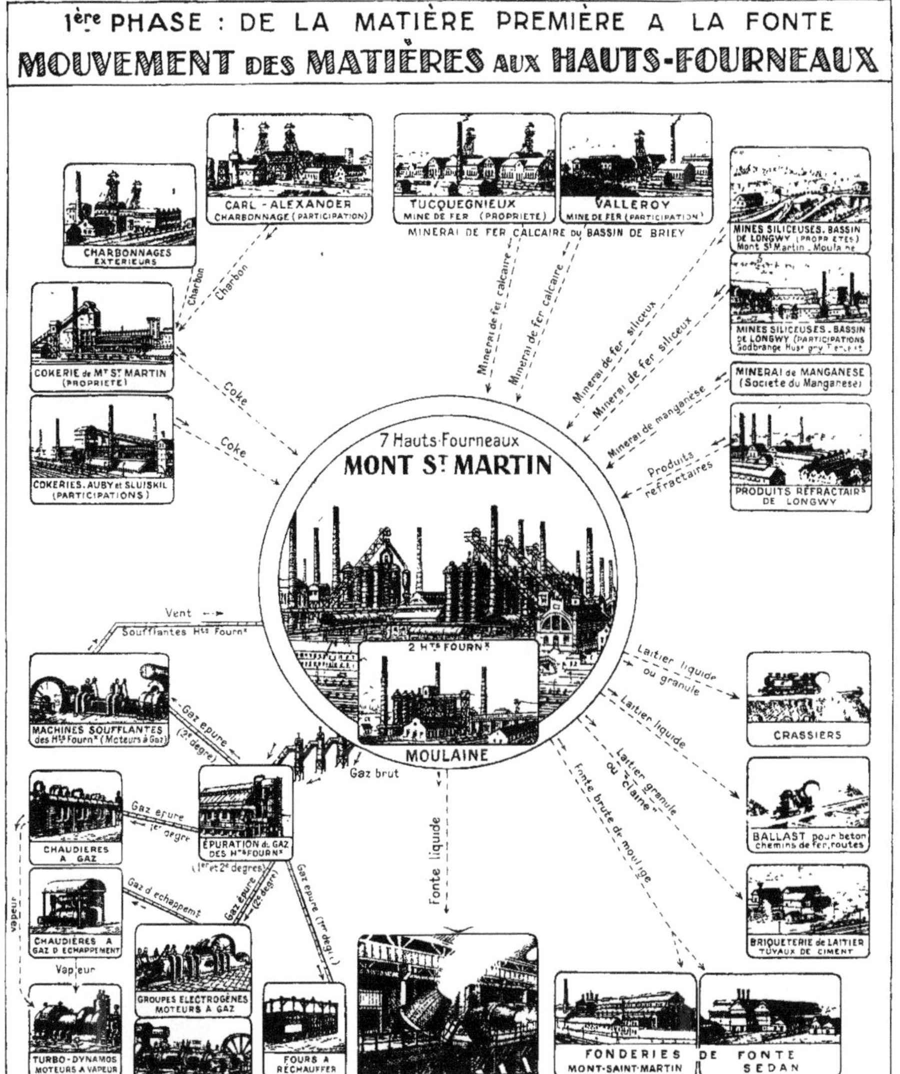

1ère PHASE : DE LA MATIÈRE PREMIÈRE A LA FONTE
MOUVEMENT DES MATIÈRES AUX HAUTS-FOURNEAUX
CHARBONNAGES EXTÉRIEURS
CARL - ALEXANDER CHARBONNAGE (PARTICIPATION)
TUCQUEGNIEUX MINE DE FER (PROPRIETE)
VALLEROY MINE DE FER (PARTICIPATION)
MINERAI DE FER CALCAIRE DU BASSIN DE BRIEY
MINES SILICEUSES. BASSIN DE LONGWY (PROPRIÉTÉS) Mont St Martin. Moulaine
MINES SILICEUSES. BASSIN DE LONGWY (PARTICIPATIONS) Godbrange Hussigny Tiercelet
MINERAI de MANGANÈSE (Société du Manganèse)
PRODUITS RÉFRACTAIRES DE LONGWY
COKERIE de Mt St MARTIN (PROPRIETE)
COKERIES. AUBY et SLUISKIL (PARTICIPATIONS)
7 Hauts-Fourneaux MONT St MARTIN
2 Hts FOURNx MOULAINE
Charbon
Charbon
Coke
Coke
Minerai de fer calcaire
Minerai de fer calcaire
Minerai de fer siliceux
Minerai de fer siliceux
Minerai de manganèse
Produits refractaires
Vent
Soufflantes Hts Fourn
MACHINES SOUFFLANTES des Hts Fourn (Moteurs à Gaz)
Gaz epure (2e degré)
Gaz brut
Gaz epure 1er degré
CHAUDIÈRES A GAZ
ÉPURATION d. GAZ DES Hts FOURNx (1er et 2e degrés)
Gaz epure (1er degré)
Gaz d echappemt
Gaz epure (2e degré)
vapeur
CHAUDIÈRES A GAZ D ECHAPPEMENT
Vapeur
GROUPES ÉLECTROGÈNES MOTEURS A GAZ
TURBO-DYNAMOS MOTEURS A VAPEUR
SOUFFLANTES D ACIÉRIE MOTEURS A GAZ
FOURS A RÉCHAUFFER
Fonte liquide
ACIÉRIE THOMAS
FONDERIES DE FONTE MONT-SAINT-MARTIN SEDAN
Laitier liquide ou granule
Laitier liquide
Laitier granule ou "clame"
fonte brute de moulage
CRASSIERS
BALLAST pour beton chemins de fer, routes
BRIQUETERIE de LAITIER TUYAUX de CIMENT
G Peltier

Lorsque la fonte est destinée à être transformée à l'aciérie, elle doit y arriver à l'état liquide et la coulée s'effectue en tonneaux (fig. 177) revêtus intérieurement de briques réfractaires. Chacun de ces tonneaux peut contenir 30 tonnes de fonte. Dès que la coulée est terminée, les poches à fonte sont conduites à l'aciérie Thomas (fig. 178) pour être versées aux mélangeurs.

CIRCUIT DES GAZ

Ainsi que nous l'avons vu, l'air insufflé par les tuyères dans le haut-fourneau provoque, au cours de son passage à travers le coke incandescent, des combinaisons chimiques dont le dernier terme est la formation d'un gaz de composition approximative suivante :

Oxyde de carbone	28 à 30%	Hydrogène et hydrocarbures	2 à 4%
Acide carbonique	10 à 12%	Azote	58%

C'est ce mélange gazeux qui arrive au gueulard et qu'il s'agit de récupérer.

A l'état brut, le gaz de hauts-fourneaux serait inemployable à cause de l'humidité qu'il renferme et surtout parce qu'il contient une quantité considérable de poussières (20 à 30 gr par m³, soit environ 30 tonnes par fourneau et par jour).

Le dépoussiérage qui s'impose dès lors, est une opération compliquée s'effectuant en plusieurs stades :

1° *Epuration sèche.* — Le gaz capté au gueulard par de grosses conduites (fig. 179) passe d'abord dans de vastes cylindres en tôle dénommés « bouteilles » (fig. 180); là, contraint à des changements de direction qui diminuent sa vitesse, il abandonne ses poussières les plus lourdes.

2° Épuration humide. — Le gaz s'élève ensuite dans une colonne verticale dénommée « Zschocke » où il est soumis à l'action d'une pluie d'eau qui agglomère et fait tomber les poussières, sans l'en débarrasser complètement.

Passant ensuite dans des désintégrateurs (fig. 181), il est brassé au milieu d'un brouillard d'eau pulvérisée, qui entraîne cette fois les particules les plus fines.

Au sortir de l'épuration (fig. 182) le gaz ne contient plus que 0 gr 02 environ de pous-

sières par mètre cube. On le dirige alors sur les différents appareils qui vont l'utiliser, soit comme mode de chauffage, soit comme force motrice.

* * *

Le gaz des hauts-fourneaux est un « gaz pauvre », c'est-à-dire qu'il est loin d'avoir les mêmes qualités calorifiques que le gaz d'éclairage (4500 calories par mètre cube) ou celui des fours à coke (4200 calories); il ne dégage en brûlant que 900 calories. En revanche, il est obtenu en très grande quantité (7 millions de mètres cubes pour une production journalière de 1400 tonnes de fonte). A titre de comparaison, la Ville de Paris consomme journellement 1.585.000 mètres cubes de gaz d'éclairage environ.

30 à 45 % de l'énorme volume signalé plus haut sont utilisés au chauffage des appareils Cowper installés dans le voisinage de chaque haut-fourneau pour porter à une haute température (8 à 900°) le vent qui doit y être insufflé. Ce sont de gros cylindres en tôle, garnis intérieurement de briques réfractaires empilées; celles-ci ménagent dans leurs intervalles des séries de canaux verticaux disposés en chicane et dans lesquels passent successivement le gaz ou le vent qu'on y envoie (fig. 183).

Durant la première phase, dite de chauffage, on fait passer le gaz de haut-fourneau à travers les empilages, et on l'allume pour porter au rouge le briquetage intérieur de l'appareil. Un Cowper reste environ 2 ou 3 heures en chauffage; à ce moment, les briques ont une température d'environ 900°.

Alors commence la seconde phase, dite de récupération. On ferme la vanne d'alimentation de gaz et la communication avec la cheminée; puis on ouvre la valve d'amenée du vent froid des soufflantes, ainsi que celle de départ du vent chaud vers le haut-fourneau. Le vent suit en sens inverse le trajet parcouru auparavant

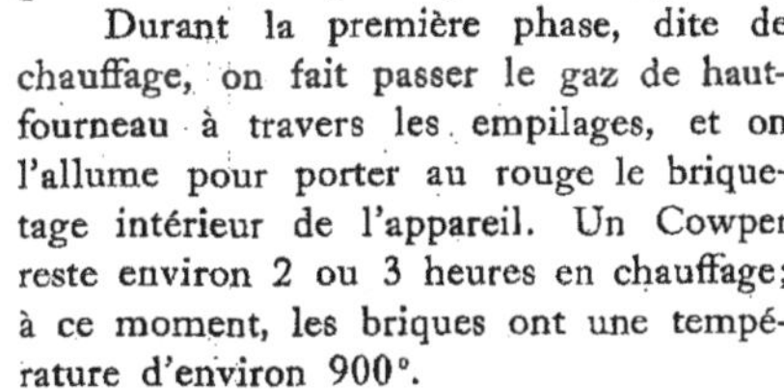

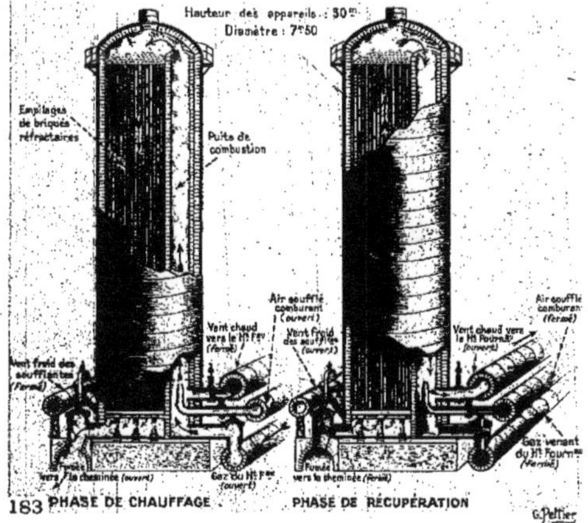

par les gaz, s'échauffe en montant dans les empilages de briques jusqu'à la coupole de l'appareil et est soufflé dans la conduite de vent chaud qui dessert les tuyères où il arrive à une température de 750° à 850°.

Les gaz de hauts-fourneaux servent également au chauffage des chaudières à vapeur et de certains fours à réchauffer les lingots avant leur passage au laminoir; mais on les emploie dans une proportion plus considérable pour la production de force motrice, en les appliquant, dans les conditions actuelles à des moteurs à explosion utilisés diversement.

Certains actionnent des soufflantes de hauts-fourneaux (fig. 184). Ces machines comportent deux cylindres moteurs et un troisième, de plus grande dimension, qui constitue le soufflet.

D'autres appareils identiques, mais beaucoup plus puissants, sont utilisés comme soufflantes d'aciérie

et compriment l'air à une pression de 2 à 3 atmosphères, pour l'envoyer dans les convertisseurs Thomas.

Un certain nombre de moteurs sont affectés à la production de l'électricité (fig. 185). Ils comportent 4 cylindres accouplés deux par deux et une génératrice de courant.

La salle principale des machines des Aciéries de Longwy (fig. 186) renferme deux moteurs de 6000 CV, un de 7500, deux de 4500 et deux de 2200.

La puissance totale développée par tous ces différents moteurs à gaz, à l'usine de Mont-Saint-Martin, s'élève à 29.050 KWS; elle suffit à assurer, sans énergie étrangère, la marche de tous les laminoirs de l'usine et de leurs accessoires.

Les gaz d'échappement des moteurs sont à très haute température. Comme ils représentent 2 millions de mètres cubes par jour à une température d'environ 600°, on a eu l'idée de les récupérer eux aussi. Ils servent alors à chauffer l'eau de plusieurs chaudières et la vapeur produite représente une force égale à 10 % environ de la force totale des moteurs.

CHAPITRE XV

L'ACIER

L A signification du terme « *Acier* » a nettement évolué. Autrefois, on employait ce mot par opposition à « *fer* » : le fer désignait le métal doux ; l'acier, le métal dur. Or, les procédés actuels permettent de fabriquer de l'acier plus doux, plus malléable, et plus voisin du fer que le métal désigné autrefois sous ce dernier nom.

La seule distinction qui subsiste aujourd'hui est la suivante : « acier » désigne le métal ferreux obtenu à l'état liquide ; « fer », celui qui est obtenu à l'état spongieux par le puddlage, ou qui est fabriqué en laminant directement des ferrailles simplement réchauffées, pour être soudées entre elles sans fusion. L'application de ces derniers procédés étant devenue de plus en plus rare, et portant sur des tonnages insignifiants, on peut dire qu'actuellement le vocable « fer », — indépendamment du sens qu'il conserve dans la nomenclature chimique, — est un mot archaïque, vestige du passé.

En sidérurgie, il n'existe plus guère actuellement qu'un métal, l'acier, dont les différentes nuances de compositions représentent une gamme infiniment riche et variée, depuis le fer pratiquement pur jusqu'aux aciers au chrome, au nickel, etc... qui contiennent parfois moins de $50\,\%$ de fer.

Nous avons vu que la fonte résulte de la dissolution, dans le fer, d'une certaine proportion du carbone du coke, au moment même de la réduction de l'oxyde du minerai. Elle emprunte, en outre, à la gangue d'autres corps étrangers tels que le silicium et le phosphore. Le tableau ci-dessous indique les teneurs comparées de la fonte et de l'acier dans ces différents éléments :

FONTE THOMAS		ACIER
$3,5\,\%$ à $4,5$	Carbone	. . . . . $0,15$ à $0,20\,\%$
$\leq 1,0\,\%$.	Silicium	. . . . . $0,15$ à $0,20\,\%$
$1,6$ à $1,8\,\%$	Phosphore	. . . . . $0,05$ à $0,10\,\%$

Pour transformer une tonne de fonte, il faut donc lui enlever environ 40 kgs de carbone, 8 kgs de silicium et 15 kgs de phosphore.

Ce résultat peut être obtenu de deux manières différentes : au convertisseur, par le procédé Thomas ; sur fours à sole par le procédé Martin.

CHAPITRE XVI

L'ACIÉRIE THOMAS

LE premier mode de fabrication que nous allons étudier consiste en la préparation de l'acier par la combustion directe du carbone et du silicium d'un bain de fonte, que l'on fait traverser à cet effet par un violent courant d'air : c'est le procédé Bessemer. Les fontes lorraines contenant une assez forte proportion de phosphore, cette méthode a dû être modifiée suivant les indications des ingénieurs THOMAS et GILCHRIST, que l'on suit à Mont-Saint-Martin.

L'air insufflé sous forte pression suffit pour oxyder successivement le silicium, le manganèse, le carbone et le phosphore; ce dernier élément est fixé par de la chaux préalablement introduite dans la cornue. Il n'y a donc pas de source extérieure de chaleur : c'est la combustion des impuretés qui assure la température nécessaire au maintien de l'acier à l'état de fusion requis pour la coulée.

La fonte amenée des fourneaux dans les poches tonneaux dont nous avons parlé, est déversée dans un mélangeur qui peut avoir diverses formes. Aux Aciéries de Longwy, ces dispositifs sont d'énormes cornues horizontales (fig. 187) constituées par deux troncs de cône raccordés par leur bas et garnis de briques réfractaires. Le but des mélangeurs est de constituer, si l'on peut s'exprimer ainsi, un « volant » de fonte liquide qui permet de rendre la marche de l'aciérie indépendante de celle des hauts-fourneaux, et de donner au mélange de plusieurs coulées, une composition relativement constante.

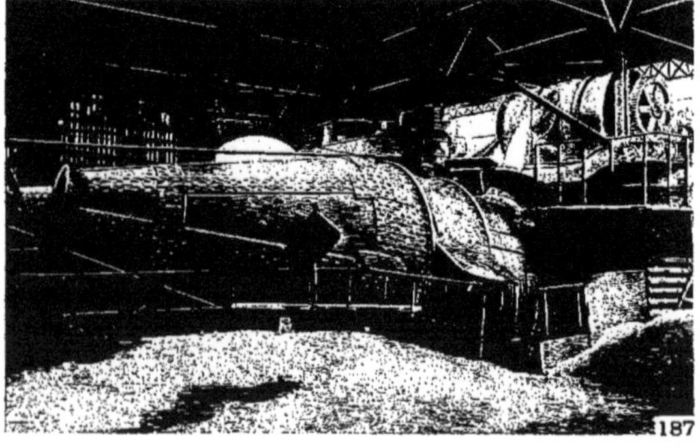

La transformation de la fonte en acier s'effectue dans un convertisseur (fig. 188). Cet appareil a la forme d'une cornue en tôle forte, garnie à l'intérieur d'une maçonnerie réfractaire

en briques de dolomie; sa partie inférieure est un fond également réfractaire constitué par une masse cylindrique de pisé dolomitique, percée de trous pour le passage du vent. La dolomie est un carbonate double de chaux et de magnésie particulièrement infusible. On la concasse et on la mélange à du goudron. La cornue est prolongée, au-dessous par une caisse cylindrique dite boîte à vent, communiquant avec le tourillon du convertisseur par une canalisation coudée, qui amène l'air des soufflantes à l'appareil.

Le convertisseur reçoit la chaux nécessaire à la fixation du phosphore. Cette chaux qui vient de Billemont, est déchargée dans les bennes d'un petit funiculaire qui dessert

l'étage supérieur de l'aciérie Thomas, situé immédiatement au-dessous des combles. On déverse les bennes dans des trémies (fig. 189), qui au moyen d'une vanne convenablement disposée, laissent passer dans le convertisseur (fig. 190) la proportion de chaux prévue (20 % du poids de la charge de fonte à introduire, soit 5 tonnes environ).

On prélève alors une certaine quantité de fonte dans le mélangeur. Pour cela il suffit de l'incliner légèrement; par l'ouverture située à l'une des extrémités, il laisse s'écouler une partie de son contenu dans une poche spéciale (fig. 191), qui passe ensuite sur une bascule, où le poids de la fonte mise en œuvre (25 tonnes environ) est contrôlé.

Cette poche est vidée ensuite dans le convertisseur (fig. 192) maintenu à cet effet dans la position horizontale. On commence alors à donner le vent; puis on relève l'appareil: si on le redressait plus tôt, la fonte passerait à travers les trous du fond, viendrait noyer la boîte à vent et obstruer les tuyères.

Au début du soufflage, la flamme qui s'échappe du convertisseur est pâle (fig. 193), la température étant encore relativement basse; mais les combustions internes élèvent progressivement et

rapidement la température du bain; l'aspect de la flamme se modifie et devient caractéristique de la marche de l'opération.

Le silicium brûle le premier dans la phase appelée « période des étincelles » parce qu'à ce moment, elles jaillissent nombreuses de la cornue.

La combustion a déjà élevé la température du bain; au bout de 4 à 5 minutes de soufflage, le carbone commence à brûler, à son tour, en donnant de l'oxyde de carbone. Une longue flamme apparaît au bec du convertisseur (fig. 194) et l'on entend un ronflement dû au bouillonnement produit par la

formation et l'échappement du gaz. Cette période dure environ 12 minutes; au bout de ce temps la température du bain s'est élevée à 1550°.

Dans le procédé Bessemer primitif, applicable aux fontes non phosphoreuses, on arrête l'opération à ce moment; la fonte ayant abandonné la quantité de carbone et de silicium convenable, s'est transformée automatiquement en acier. Dans le procédé Thomas, il faut pousser le soufflage plus loin pour brûler le phosphore. Cette dernière phase s'appelle le sursoufflage: elle est représentée sur l'aquarelle que nous donnons au début de ce chapitre.

Le phosphore transformé en anhydride phosphorique par oxydation, se combine immédiatement à la chaux pour donner du phosphate de calcium; mais un dégagement abondant de vapeurs rousses au bec de la cornue indique que le métal lui-même s'est oxydé à cette température excessive. On arrête donc le vent au bout de 2 à 3 minutes. A ce moment, la teneur en phosphore varie de 0,06 à 0,09 seulement; une épaisse scorie flotte sur le bain. On culbute le convertisseur en avant et on l'incline légèrement de façon que cette scorie puisse se déverser dans le bac disposé au-dessous pour la reçevoir (fig. 195). Cette évacuation terminée, on s'assure que l'opération est bien au point. Au moyen d'une cuillère emmanchée d'une longue tige, le fondeur prélève une certaine quantité

d'acier, le verse dans un petit moule (fig. 196) et le porte à un marteau-pilon qui l'écrase sous forme de disque. On plie ensuite cette éprouvette. Selon la manière dont elle supporte le pliage et la façon dont elle se rompt ainsi qu'à l'examen du grain de la cassure, on juge de la qualité de l'acier (fig. 197).

Le cas échéant, on procède à quelques additions reconnues nécessaires. Les aides-fondeurs prélèvent, avec une pelle, sur le plancher de travail, la quantité convenable du corps à introduire et la projettent dans le bain (fig. 198). Au besoin, on relève la cornue pour donner un coup de soufflage; puis on procède à la coulée. Auparavant cependant, pour donner à l'acier sa qualité définitive, on fait une addition de ferro-manganèse de 5 kgs 5 par tonne d'acier s'il s'agit d'acier doux, et d'une fonte manganésée dénommée spiegel, pour les aciers durs. Dans ce dernier cas, l'addition de spiegel a un triple rôle : elle recarbure l'acier; en portant la teneur en carbone de 0,08 à 0,65, elle désoxyde le métal; enfin, elle y incorpore une quantité supplémentaire de manganèse, jusqu'au besoin 0,50 %, ce qui lui donne de la dureté.

Le ferro-manganèse est jeté dans la poche. Pour effectuer l'addition de spiegel, on le fond dans un cubilot spécial (fig. 199). On le coule dans une petite poche montée sur un chariot que l'on déverse, après pesage, dans la poche à acier (fig. 200).

La proportion en est réglée par la composition chimique du spiegel et par la qualité d'acier que l'on désire obtenir. Pour de l'acier dur de 70 kgs, on ajoute 2400 kgs de spiegel à 10-12 % de manganèse.

Ces additions faites, on effectue enfin la coulée, dans une poche préparée à l'avance. Les

poches à acier sont revêtues intérieurement de briques réfractaires et percées à la base d'un trou de coulée fermé par une brique spéciale appelée busette. On y remarque également la « quenouille » qui sert à la vidange subséquente de la poche. C'est une tige de fer protégée dans toute sa longueur par des briques réfractaires appelées « viroles », portant à son extrémité une brique à calotte demi-sphérique, le « bouchon », qui s'applique exactement sur la busette.

Lorsque la poche est prête à être remplie, elle est saisie par un pont-roulant de coulée (fig 201) qui vient la placer sous le convertisseur; puis on incline la cornue de façon à en faire passer rapidement le contenu dans la poche (fig. 202).

L'acier produit au convertisseur est coulé en lingots. Cette opération s'effectue sur des chariots qui supportent les « bases » ou sortes de galettes en fonte, sur lesquelles un pont-roulant spécial vient déposer les lingotières. Deux de ces chariots sont placés le long du pont de coulée. La poche est amenée par un autre pont-roulant. L'ouvrier fondeur, en appuyant sur un levier coudé, soulève la tige qui sert de support à la quenouille (fig. 203). Le bouchon qui termine celle-ci se soulève de son siège et l'acier s'écoule librement par la busette. On remplit ainsi successivement les lingotières.

Au cours de l'opération on prélève une certaine quantité d'acier liquide qu'on verse dans une petite lingotière (fig. 204). Après refroidissement, cet échantillon est passé au marteau pilon pour en faire une espèce de boulon.

2ᵉ PHASE : DE LA FONTE A L'ACIER
MOUVEMENT DES MATIÈRES A L'ACIÉRIE THOMAS
Dolomie frittee de Belgique
Goudron de la cokerie de Mt St Martn
ATELIER DE DOLOMIE
HAUTS-FOURNEAUX
FOURS A CHAUX DE BILLEMONT
Gaz
Pisé et briques de dolomie
BRIQUES DE MAGNESIE
Comptoir de produits magnesiens
Briques de magnésie
PRODUITS RÉFRACTAIRES DE LONGWY
Produits réfractaires
Fonte liquide
MÉLANGEURS
Chaux
Spiegel - Ferro-Manganèse
Ferro-Silicium - Aluminium
Vent des soufflantes
ADDITIONS
MACHINES SOUFFLANTES
ACIÉRIE THOMAS
6 Convertisseurs de 25T
Scories Thomas brutes
Jets de coulée, Dechets metalliques (vers l'aciérie Martin)
MOULINS A SCORIES
DÉMOULAGE
FOURS PITS
BLOOMING Nᵒ II
BLOOMING Nᵒ III

La partie amincie et arrondie est soumise à des essais de traction et la partie large, qui constitue la tête, est envoyée au laboratoire pour analyse.

Pour démouler les lingots, on pousse les chariots de coulée sous un pont-roulant spécial dénommé « strippeur ». Au moyen d'une pince, le strippeur saisit la lingotière par les oreilles et la soulève. Si le lingot ne se décolle pas de cette façon, il est refoulé par une tige centrale qui appuie sur sa tête (fig. 206).

Les chariots ainsi délestés des lingotières (fig. 207) sont alors conduits sous un autre pont qui saisit les lingots et les dépose dans les fours à réchauffer.

Lorsque la poche est vidée de son acier, il reste encore à la débarrasser de la scorie. Le pont de coulée culbute celle-ci dans un bac à scories (fig. 208), puis la poche est mise sur un chantier pour la préparer à une opération ultérieure (fig. 209).

A cet effet, elle est tout d'abord nettoyée des crasses qui se sont solidifiées sur ses parois, puis on change la quenouille et le bouchon qui ne peuvent servir qu'une fois ; enfin, s'il y a lieu, on répare la maçonnerie intérieure qui, d'une façon générale, fait de 25 à 30 coulées.

CHAPITRE XVII

L'ACIÉRIE MARTIN

LE procédé Martin pour la fabrication de l'acier est entièrement différent du procédé Thomas. Dans l'affinage Martin basique, l'acier est obtenu en fondant dans un four Siémens, chauffé au gaz, deux catégories de produits représentant les uns, du fer carburé, les autres, du fer oxydé.

Les produits carburés ne sont autre chose que la fonte sous les formes les plus variées: fonte Thomas employée à l'état liquide ou à l'état solide en gueuses; fonte hématite Martin répondant à la composition suivante: carbone 4% - silicium 0,5 à 1% - manganèse 2 à 3% - phosphore 0,10 maximum - soufre 0,05%; bocages ou débris de fonte ordinaire, tels que bâtis de machine, fonte poterie, etc...; débris de vieilles lingotières employés comme fonte hématite à 2-3% de silicium et 0,6 à 0,8% de manganèse.

Les produits oxydés sont des riblons ou ferrailles de toute nature et de toutes provenances: des chutes de laminoirs et en particulier de blooms; des battitures (on désigne ainsi les parcelles d'oxyde de fer qui se détachent des lingots et des blooms au cours du laminage); le cas échéant, du minerai de fer riche (minerai hématite normand et breton) tenant jusqu'à 50% de fer et plus.

L'action réciproque de ces groupes de substances se ramène à deux catégories de phénomènes: dilution, oxydation. Le carbone de la fonte se répartit également dans l'ensemble du bain, ce qui diminue sa teneur moyenne; en outre, toutes les impuretés, et, s'il y a lieu, une partie de ce carbone, sont éliminées par l'atmosphère oxydante du four et l'oxygène provenant de la réduction du minerai; enfin, le phosphore est fixé par la chaux.

Le procédé Thomas est relativement économique, puisque la fonte elle-même apporte le combustible (carbone, silicium et phosphore) qui permet d'élever sa température et de fondre l'acier en l'affinant; mais c'est un procédé brutal: il suffit, en effet, de souffler quelques secondes de plus ou de moins pour obtenir des différences importantes dans la composition de l'acier. D'autre part, la méthode est expéditive, souvent même à l'excès, ce qui gêne jusqu'à un certain point les opérations de contrôle et de vérification; en outre, la

cornue n'étant pas chauffée par ailleurs, l'acier risque, si l'on tarde, de s'y refroidir, voire même de s'y solidifier.

Le procédé Martin, au contraire, qui opère par mélange en quantités dosées préalablement, est un procédé de précision. Il est beaucoup plus lent; au lieu de 20 minutes, l'opération dure de 6 à 12 heures suivant la quantité traitée. Il est aussi plus onéreux, puisqu'il faut chauffer la charge pour en opérer la fusion. De plus, il nécessite la construction de fours et de réchauffeurs qui coûtent très cher. Mais il a cet avantage considérable de donner exactement la nuance désirée. En raison de la durée de l'opération, on a toute latitude de faire au bain les corrections nécessaires. On utilise donc cette méthode chaque fois qu'une qualité spéciale est exigée: par exemple pour les aciers devant répondre aux cahiers des charges des grandes Administrations (Marine, Artillerie, Chemins de fer, etc...).

A Mont-Saint-Martin, l'Aciérie Martin comprend deux fours fixes de 35 tonnes et 3 fours oscillants de 90 tonnes.

210

Les fours fixes (fig. 210) se composent:

— d'une sole destinée à recevoir le métal à affiner;

— du laboratoire; c'est l'espace compris entre la sole et la voûte. Il présente à l'avant 3 ouvertures fermées par des portes à guillotine constituées par un cadre métallique garni de briques réfractaires; l'ouverture centrale est aménagée pour permettre l'évacuation des scories et le décrassage du four;

— de la voûte, construite en briques de silice;

— des arrivées de gaz et d'air situées à droite et à gauche.

La maçonnerie des fours de 90 tonnes (fig. 211) est identique à celle des précédents.

211

Cependant, la sole, au lieu d'être inclinée vers le trou de coulée, a une forme régulièrement creuse. Pendant la marche de l'opération, le niveau du bain est au-dessous de l'orifice d'écoulement. Ces fours, montés sur des berceaux circulaires roulant sur galets, sont basculés par des pistons hydrauliques au moment voulu.

Le laboratoire présente 5 ouvertures fermées par des portes identiques à celles des fours de 35 tonnes. La maçonnerie établie à l'intérieur des armatures métalliques comporte (fig. 212): pour la sole et les piédroits, des briques de magnésie; pour la voûte, des briques de silice.

La chaleur nécessaire pour l'affinage du bain est produite par la combustion du gaz des fours à coke de Longlaville. En cas de besoin, on utilise 5 gazogènes installés dans un bâtiment proche de l'Aciérie Martin.

212

Ces appareils sont composés chacun d'une cuve cylindrique en tôle garnie à l'intérieur d'une maçonnerie réfractaire qui repose sur une grille conique, montée sur le fond d'une cuvette mobile remplie d'eau formant joint et qui empêche l'air de pénétrer (fig. 213). Cette cuvette reçoit un mouvement continu de rotation qui provoque la chute des cendres et des mâchefers.

L'air nécessaire au fonctionnement des gazogènes est envoyé par des ventilateurs au-dessous de la grille. Le charbon, déposé dans des silos, est repris par la benne preneuse d'un pont-roulant, qui l'élève à l'étage supérieur et le déverse dans les trémies d'approvisionnement (fig. 214). Ces trémies débouchent à l'étage inférieur dans un appareil distributeur automatique Chapmann (fig. 215) au moyen

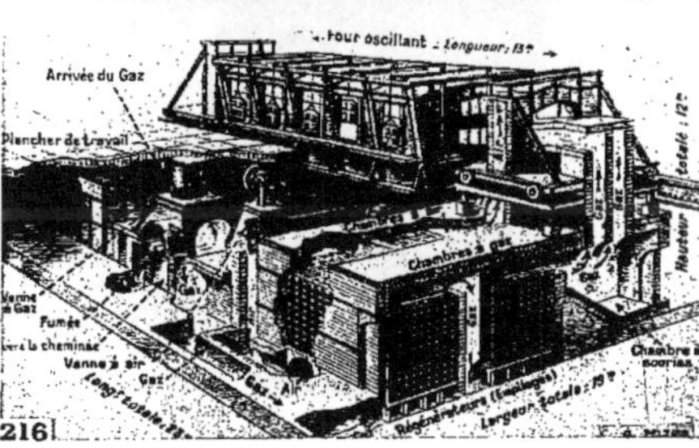

d'un tambour cylindrique qui porte des tiroirs d'admission. Cet appareil introduit dans le gazogène, d'une façon régulière, les quantités de charbon nécessaires.

Sous l'influence de l'air des ventilateurs et d'un jet de vapeur, lancé par le bas, le charbon est soumis à une combustion partielle qui produit un gaz riche, d'un pouvoir calorifique de 1300 à 1500 calories par mètre cube. Des conduites munies de vannes amènent les gaz chauds dans les récupérateurs de chaleur disposés, au nombre de 4, sous les fours Martin (fig. 216). Ce sont des empilages de briques de silice disposés de façon qu'il y ait environ un volume égal de briques et de vides.

Des vannes spéciales dites d'inversion permettent de faire passer alternativement les gaz et l'air de droite à gauche et de gauche à droite. Lorsque ces vannes sont orientées à droite, par exemple, les gaz arrivant de la vanne à gaz sont dirigés sur la chambre à gaz de droite, où ils se réchauffent, et de là dans le four, par les brûleurs à gaz de droite. De son côté, l'air, arrivant par les vannes à air de droite, où il se réchauffe, passe de là dans le four par le brûleur à air de droite. Les gaz brûlent dans le four et s'échappent par les brûleurs à gaz et à air de gauche pour aller réchauffer les chambres à gaz et à air de gauche avant de s'échapper par la cheminée. Toutes les demi-heures environ, les vannes sont inversées; les gaz et l'air suivent alors le parcours opposé, et se réchauffent dans les chambres par où s'échappaient auparavant les gaz brûlés. La température dans les récupérateurs atteint 1000 à 1100 degrés.

217

La halle de chargement des fours est parcourue par plusieurs ponts-roulants spéciaux, les chargeuses. Ces appareils enlèvent les bennes pleines sur la bascule (fig. 220) et, par un mouvement de

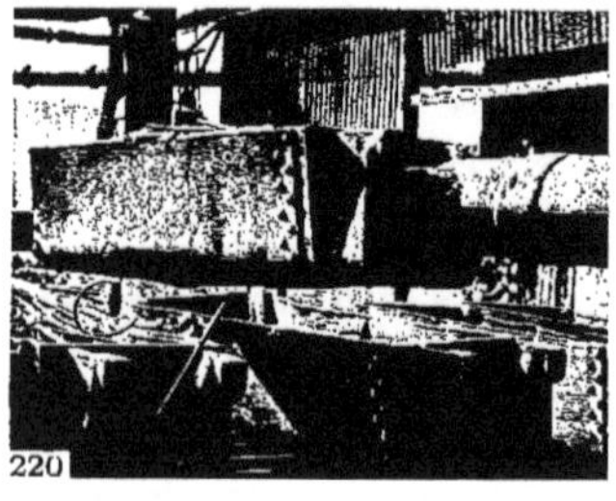

220

Suivons maintenant les diverses opérations au four Martin.

Les débris de fonte et d'acier arrivent, sur le parc à matières, sous la travée d'un pont-roulant (fig. 217) où elles sont déchargées à l'électro-aimant. C'est également là que sont amenés les riblons et ferrailles recueillis aux différents laminoirs des usines. Ces ferrailles sont reprises au stock par le même électro-aimant et déposées dans les cuillères de chargement (fig. 218). Celles-ci, aussitôt pleines, sont placées sur des tables-bascules (fig. 219) avant d'être introduites dans les fours.

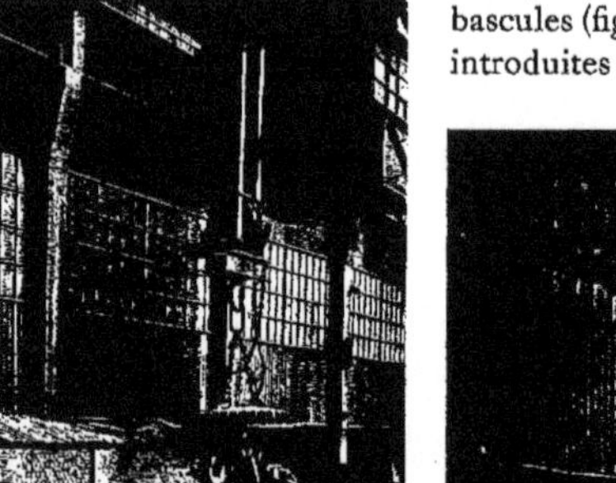

218

219

rotation, les amènent face au four; les portes sont soulevées, la chargeuse introduit la benne (fig. 221) et le bras de chargement tournant sur lui-même, en laisse tomber le contenu.

Sur la fig. 222, on aperçoit l'amas de ferrailles qui vient d'être introduit dans le four. Le chargement se fait en plusieurs fois; il demande environ 2 ou 3 heures. Les proportions de ferraille et de fonte varient évi-

221

demment suivant les qualités d'acier que l'on veut obtenir. Lorsqu'on traite de la fonte phosphoreuse, on ajoute, à la charge, comme nous l'avons dit, une certaine quantité de chaux. Sous l'action de la chaleur développée par la combustion des gaz (1600 à 1700°) les matières entrent en fusion : la fonte très rapidement, les aciers progressivement. L'opération complète demande de 7 heures $\frac{1}{2}$ à 8 heures. Dans ce laps de temps, les deux phénomènes que nous

222

avons signalés plus haut s'effectuent simultanément.

La dissolution du fer dans la fonte a pour effet, après fusion complète des ferrailles, d'amener la teneur en carbone du bain à 0,45-0,50 %. En même temps, il se forme une scorie, par suite de l'oxydation du silicium, du manganèse et du phosphore et de la combinaison, de l'acide phosphorique, avec la chaux. Pratiquement, en partant d'une fonte convenable, on arrive, en définitive, à des teneurs de 0,07 à 0,10 % de silicium - 0,25 à 0,30 % de manganèse - 0,02 % maximum de soufre.

A partir du début de la période d'affinage, le bain est constamment surveillé. On prélève à intervalles réguliers, avec une cuillère, une petite quantité de métal que l'on verse sur une plaque de fonte. De la vitesse de solidification, on déduit à l'œil la dureté du métal. Dès qu'on pense être arrivé aux environs de la nuance cherchée, on prélève une éprouvette comme nous l'avons vu faire à l'Aciérie Thomas, on la coule dans une petite lingotière (fig. 223), et on examine la cassure après l'avoir aplatie au marteau. On envoie en même temps une seconde éprouvette, au laboratoire, pour analyse rapide.

223

Les défauts du bain sont alors corrigés, le cas échéant, par des additions successives (fig. 224) jusqu'à ce qu'on ait obtenu une éprouvette et une analyse satisfaisantes. Le moment est dès lors venu de procéder à la coulée.

Auparavant, le fondeur décrasse le bain avec soin. A cet effet, s'il s'agit d'un four oscillant, il le fait légèrement basculer vers lui; la scorie s'écoule dans des bacs situés au-dessous du four. S'il s'agit d'un four fixe, le fondeur attaque avec un ringard le seuil réfractaire du four (fig. 225) pour que celui-ci livre passage à la scorie.

On fait enfin, les dernières additions, suivant la nature de l'acier à obtenir. Pour l'acier extra-doux à 35/40 kgs, on ajoute du ferro-manganèse 80 %, qui désoxyde le métal et lui donne la teneur cherchée en manganèse (0,35 à 0,40 %). Les aciers durs sont calmés par une addition solide d'aluminium et de ferro-silicium faite dans la poche de coulée.

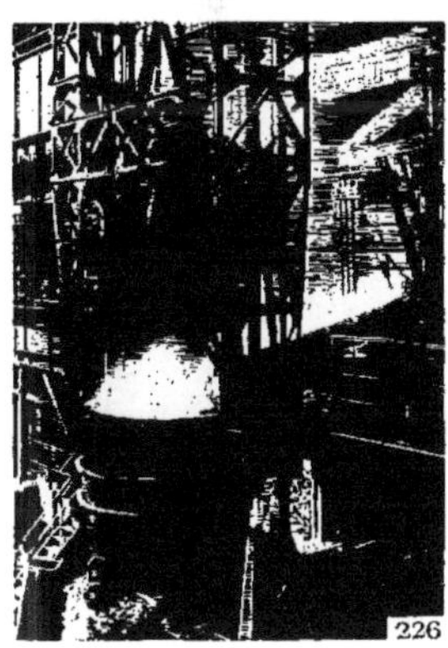

224

225

226

Pour effectuer la coulée à l'Aciérie Martin, on perce un trou dans les fours fixes et on incline les fours oscillants; l'acier s'écoule de lui-même dans une poche (fig. 226) semblable à celles de l'Aciérie Thomas, mais de plus grande dimension puisqu'elle contient 60 tonnes.

A l'Aciérie Martin, les lingotières sont en forme de troncs de pyramides à base rectangulaire pour les lingots à tôles, et carrée pour les blooms.

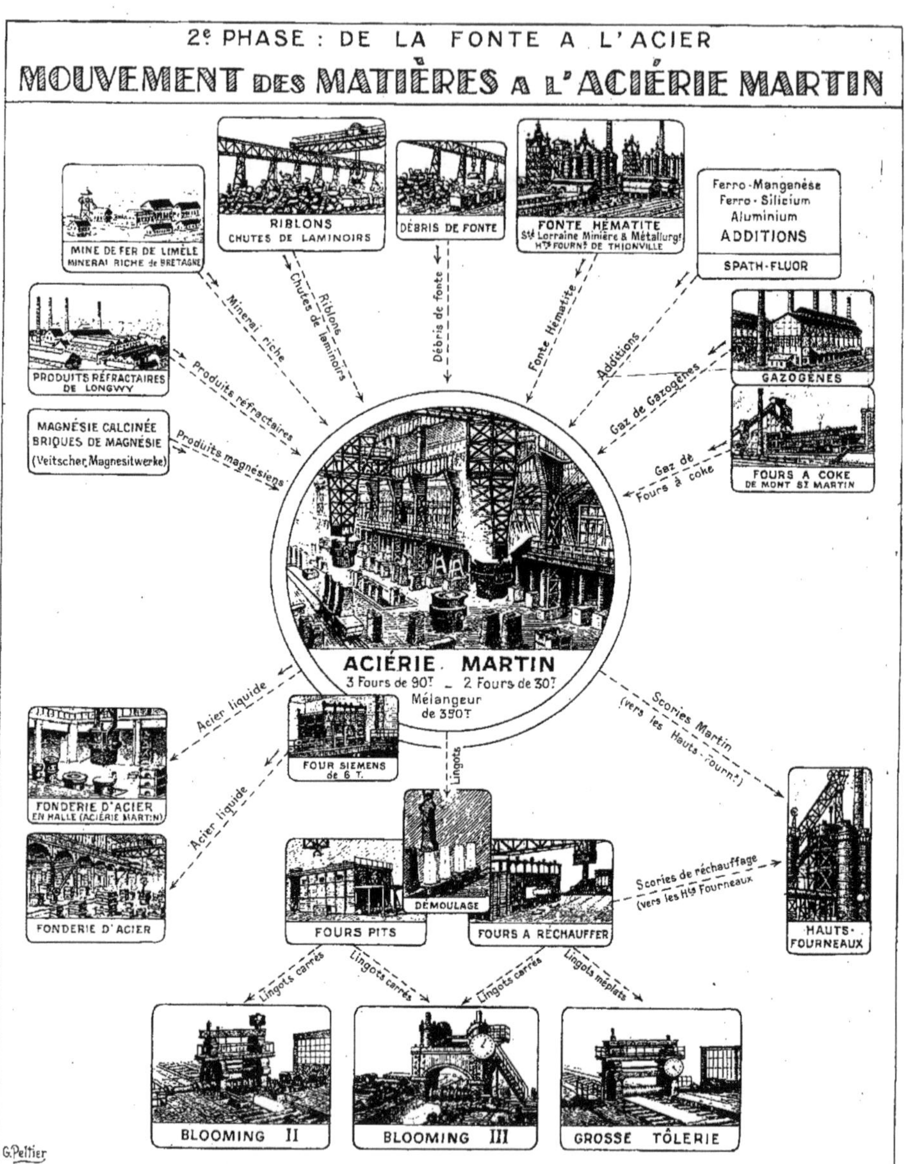

2ᵉ PHASE : DE LA FONTE A L'ACIER
MOUVEMENT DES MATIÈRES A L'ACIÉRIE MARTIN
MINE DE FER DE LIMÈLE
MINERAI RICHE de BRETAGNE
RIBLONS
CHUTES DE LAMINOIRS
DÉBRIS DE FONTE
FONTE HÉMATITE
Sté Lorraine Minière & Métallurgt
Hts FOURNx DE THIONVILLE
Ferro-Manganèse
Ferro-Silicium
Aluminium
ADDITIONS
SPATH-FLUOR
PRODUITS RÉFRACTAIRES DE LONGWY
MAGNÉSIE CALCINÉE
BRIQUES DE MAGNÉSIE
(Veitscher Magnesitwerke)
GAZOGÈNES
FOURS A COKE
DE MONT St MARTIN
Minerai riche
Chutes de laminoirs
Riblons
Chutes de laminoirs
Débris de fonte
Fonte Hématite
Additions
Gaz de Gazogènes
Gaz de Fours à coke
Produits réfractaires
Produits magnésiens
ACIÉRIE MARTIN
3 Fours de 90ᵀ - 2 Fours de 30ᵀ
Mélangeur de 350ᵀ
Acier liquide
FOUR SIEMENS de 6 T.
Lingots
Scories Martin (vers les Hauts-Fournx)
FONDERIE D'ACIER
EN HALLE (ACIÉRIE MARTIN)
Acier liquide
FONDERIE D'ACIER
DÉMOULAGE
FOURS PITS
FOURS A RÉCHAUFFER
Scories de réchauffage (vers les Hts Fourneaux)
HAUTS-FOURNEAUX
Lingots carrés
Lingots carrés
Lingots carrés
Lingots méplats
BLOOMING II
BLOOMING III
GROSSE TÔLERIE
G. Peltier

La coulée en lingotières peut se faire à la descente, comme à l'Aciérie Thomas, par déversement direct de l'acier; mais comme on risque des soufflures et des gouttes froides, on coule de préférence en source. Dans ce but, on établit, dans le sable qui recouvre le sol, des canalisations spéciales aboutissant toutes à une brique centrale dite brique mère. Sur

cette dernière, on installe la nourrice, canalisation constituée par des viroles analogues à celles des quenouilles des poches à acier et enfermées dans une armature de fonte en deux pièces; sur chacun des trous des briques établies dans le sable on place une lingotière.

Dès que le bassin de coulée est ainsi préparé et complet, on amène la poche, qui verse son contenu dans la nourrice (fig. 228). L'acier descend à la partie inférieure, se répand dans les canalisations secondaires et, par les trous qui y sont aménagés, pénètre dans les lingotières par leur partie inférieure et les remplit simultanément (fig. 229).

Lorsque les lingots sont froids, on les démoule au moyen d'un pont strip;peur analogue à celui de l'Aciérie Thomas, et on les conduit sur de petits chariots (fig. 230) soit aux fours à réchauffer des laminoirs, s'ils doivent être transformés immédiatement, soit sur le parc à lingots (fig. 231) d'où, après avoir été numérotés et classés, ils seront repris ultérieurement.

TROISIÈME PHASE: LAMINAGE DE L'ACIER

Il existe quatre catégories de laminoirs:

1° Les trains qui transforment les lingots en demi-produits: bloomings, trains à billettes et à largets;

2° Ceux qui transforment les demi-produits en profilés et aciers marchands. Ce groupe comprend: un train réversible de 950, un train trio de 550, un groupe de trois trains semi-continus pour le laminage des aciers marchands et un train continu à fil machine, système Morgan. En dehors de ces laminoirs installés tous à Mont-Saint-Martin, les Aciéries de Longwy afferment et exploitent ceux de leur filiale, les Forges de Brévilly, spécialisés dans la fabrication des petits profilés et des fers spéciaux pour serrurerie, menuiserie métallique, machines agricoles, etc...;

3° Ceux qui transforment les lingots en tôles fortes, comme la tôlerie III de Mont-Saint-Martin;

4° Ceux qui transforment les demi-produits en tôles fortes, moyennes et minces. Ce sont: le trio Lauth de Mont-Saint-Martin et les laminoirs de Sedan.

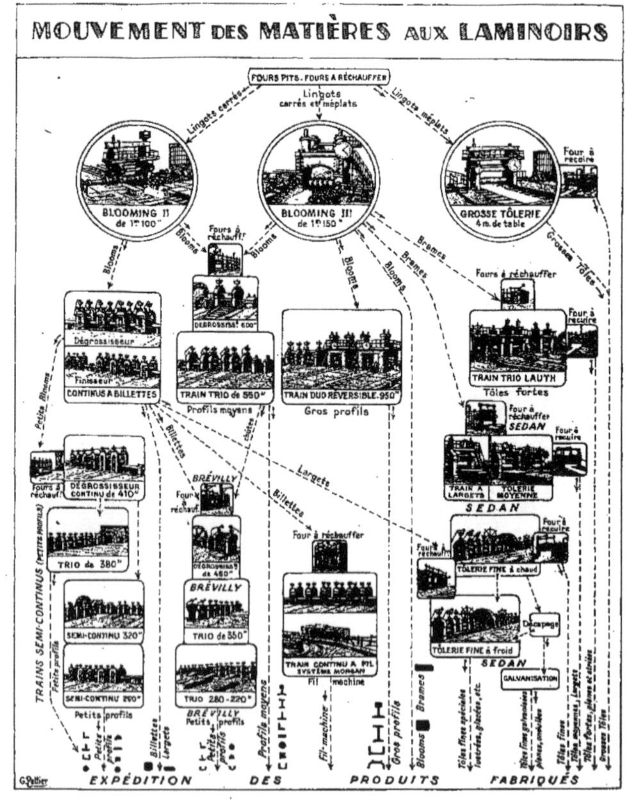

CHAPITRE XVIII

LES BLOOMINGS

L'ACIER provenant des Aciéries Thomas ou Martin, se présente, nous venons de le voir, sous forme de gros lingots. A Mont-Saint-Martin, le lingot type de l'Aciérie Thomas pèse 4500 kilos. Il a une section à la base de 650×650 et une hauteur de 1 m 90. A l'Aciérie Martin, on en produit d'un type analogue et, en outre, pour la fabrication des tôles, des lingots méplats qui peuvent peser 18 t. Sauf ces derniers qui sont passés directement à la grosse tôlerie, tous les autres subissent un premier laminage aux bloomings.

BLOOMING II — Les lingots produits par l'Aciérie Thomas sont saisis par un pont roulant après démoulage, et introduits dans des fours dénommés pits (fig. 233).

Ces fours se composent d'un certain nombre de cellules verticales fermées par un couvercle et, dans lesquelles les lingots sont disposés verticalement. Leur manutention se fait au moyen d'un pont roulant spécial muni d'une part, d'un doigt avec lequel il enlève le couvercle du four, et d'autre part, d'une pince au moyen de laquelle il saisit le lingot pour le descendre dans le pits ou l'en retirer (fig. 234).

En général, ce réchauffage dure de deux heures à deux heures et demie.

Après quoi, le même pont qui a enfourné les lingots, les saisit et les transporte à la hotte basculante du blooming (fig. 235), sorte de fauteuil qui, en basculant, place le lingot sur des rouleaux d'entraînement qui le conduisent au laminoir (fig. 236).

Le blooming se compose d'une cage de laminoirs à deux cylindres à cannelures, qui peuvent être écartés ou rapprochés. Ces cylindres sont actionnés alternativement dans un sens et dans l'autre par un moteur électrique de fortes dimensions (fig 237).

Les lingots sont manutentionnés, au cours du laminage :

— par des lignes de rouleaux qui les font avancer ou reculer ;

— par des règles métalliques, plates-formes de grandes dimensions sur l'une desquelles le lamineur se tient habituellement et qui les amènent face aux cannelures par lesquelles ils doivent passer ;

— enfin par un mécanisme électrique spécial actionnant des griffes qui permettent de « faire faire quartier » à la pièce, c'est-à-dire de la retourner.

Le lingot passe plusieurs fois de suite dans la première cannelure (fig. 238) ; lorsqu'il est suffisamment aplati dans un sens, on lui fait faire quartier (fig. 239) et on continue jusqu'à ce que les cordons des cylindres soient presque en contact. Après avoir fait de nouveau quartier, le lingot est amené, par déplacement latéral des règles, devant la deuxième cannelure, plus étroite que la première, et correspondant à la nouvelle largeur du lingot.

Après une série de passes successives dans quelques cannelures des cylindres, il est transformé en bloom (fig. 240).

Des lignes de rouleaux situés à l'arrière du train l'entraînent alors sous les lames d'une cisaille (fig. 241) qui peut couper jusqu'à 350×350. On sectionne d'abord la tête du bloom, qui correspond à la partie supérieure du lingot; puis, on le débite en tronçons dont la longueur dépend, évidemment, du produit à obtenir au relaminage. Un taquet de butée, monté en porte-à-faux sur un gros arbre longitudinal, règle la longueur de la coupe.

Des rouleaux entraînent les blooms coupés jusqu'à des pousseuses (fig. 242). On appelle ainsi des règles animées d'un mouvement transversal et qui servent à empiler les blooms sur le refroidissoir. Lorsqu'un approvisionnement suffisant est constitué, un pont roulant muni d'un bras spécial, en forme de rateau, s'insère entre les barreaux du refroidissoir saisit le tas de blooms et les emporte au parc. Ce blooming dessert le train continu à billettes et largets. Il alimente, en outre, les trains suivants: Laminoirs semi-continus (blooms de 130×130) - Trio de 550 - (blooms de 130×130 et 200×200) - Train à tôles moyennes de Sedan, qu'il approvisionne en brames.

BLOOMING III - Un autre blooming, dégrossisseur du train réversible, dont le fonctionnement est identique au précédent, fabrique les blooms de toutes tailles et les grosses brames destinées au trio Lauth. Les cylindres ont 1150 mm de diamètre et la levée maximum entre cordons est de 1000 mm. Ce train peut recevoir des lingots de tous poids jusqu'à 15 t. Les fig. 243, 244, 245, 246 et 247 montrent les phases successives du laminage d'un gros lingot à brames.

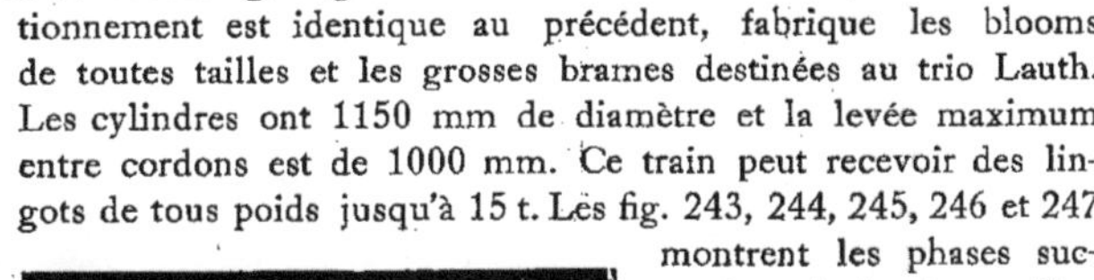

248

249

Lorsque les blooms sont laminés à ce train, ils sont dirigés vers la cisaille qui alimente le réversible. S'il s'agit d'un lingot à brames, il est ripé vers la cisaille à brames (fig. 248). Cette cisaille, comme celle du blooming II,

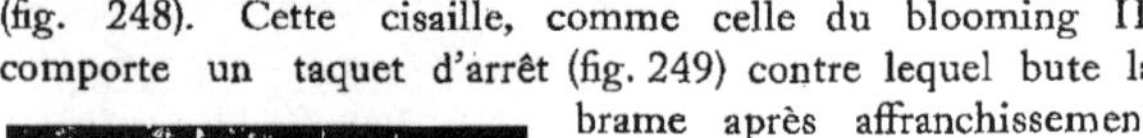

comporte un taquet d'arrêt (fig. 249) contre lequel bute la brame après affranchissement de la tête pour être coupée à la longueur voulue.

Lorsque le lingot a été débité entièrement, un dispositif spécial empile les brames les unes sur les autres (fig. 250).

Après quoi un pont roulant, muni d'une fourche coudée, analogue à celle que nous avons vue au blooming II, passe entre les rainures du refroidissoir, soulève les brames et les transporte au parc (fig. 251).

250

251

CHAPITRE XIX

TRAIN CONTINU

A BILLETTES ET LARGETS

LORSQU'ON doit laminer des produits de très petite section, tels que les ronds en couronnes appelés fil machine, le travail serait trop long si l'on devait partir d'un bloom d'une section de 130×130 par exemple; il faut pousser le laminage plus loin et transformer le bloom en une billette. Cette opération s'effectue d'une manière particulièrement rapide et économique dans un train continu, qui se compose de plusieurs cages placées l'une derrière l'autre, et dans lesquelles le produit se trouve engagé à la fois, au lieu de passer par une succession d'allers et retours dans la même cage.

Le bloom affranchi à la cisaille de ses parties malsaines, comme nous l'avons vu, mais non débité en tronçons, arrive coupé à la longueur convenable, devant le train dégrossisseur.

Ce train comporte une série de 6 cages, dont les cylindres sont actionnés par un moteur électrique très puissant qui les commande au moyen d'engrenages (fig. 252) établis de telle façon que les vitesses aillent croissant; ce dispositif est indispensable puisqu'à chaque cage le produit s'allonge et s'écoule plus rapidement.

Sur la reproduction au pastel ci-contre, on peut remarquer qu'entre deux cages consécutives, la barre subit une torsion hélicoïdale.

Si le bloom a passé par la ligne de cannelures qui conduit à la section de 130×130 et qu'il est destiné à être relaminé aux trains marchands que nous verrons plus loin, il est dirigé, en sortant du dégrossisseur, vers une cisaille qui le tronçonne à la longueur voulue (2 m 50 à 2 m 60).

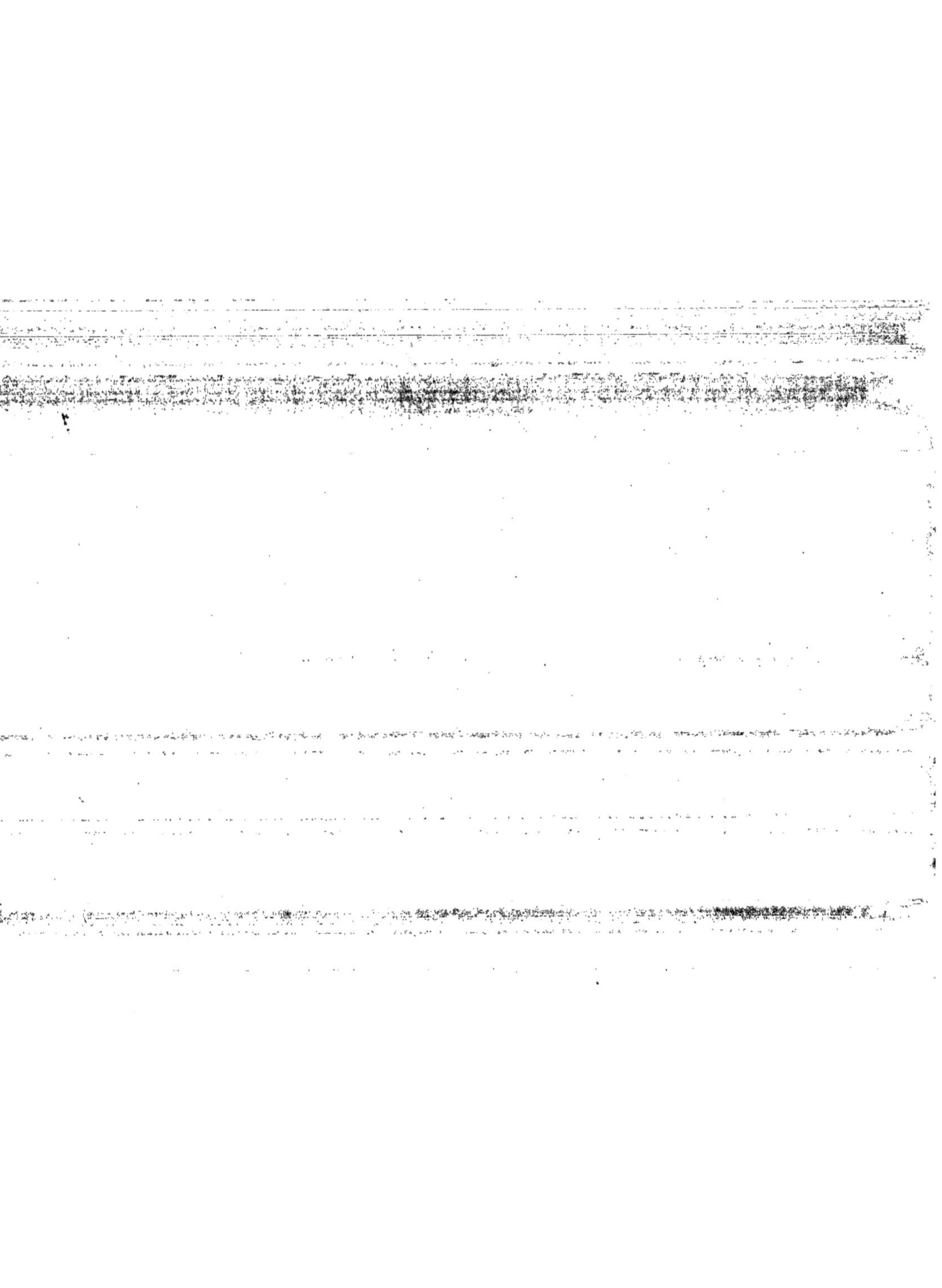

S'il est passé dans la ligne de cannelures qui donne une section de 105×105, il doit être transformé en billettes et, dans ce cas, est ripé en face des six cages finisseuses (fig. 253).

A son entrée dans la première de ces cages, la tête du bloom est chutée, ainsi que l'autre extrémité, en fin de passage. A sa sortie du train finisseur, la billette a normalement une section de 47×47; elle est débitée au fur et à mesure en longueurs de 9 mètres par une cisaille à vapeur dite volante (fig. 254).

Les billettes passent ensuite sur une ligne de rouleaux obliques dits « empileurs »; elles viennent se heurter contre un butoir sis à l'extrémité du chemin de roulement, et, grâce à la disposition des rouleaux en oblique, viennent se ranger successivement le long d'une règle.

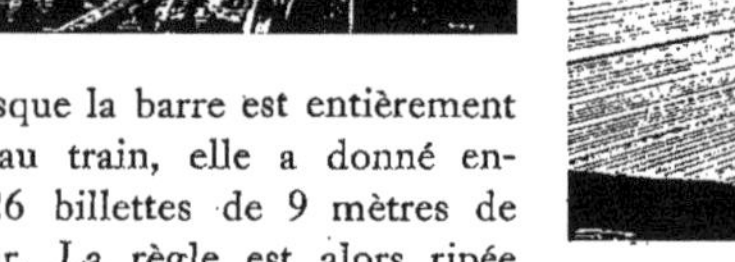

Lorsque la barre est entièrement passée au train, elle a donné environ 26 billettes de 9 mètres de longueur. La règle est alors ripée vers la gauche et pousse les billettes sur un refroidissoir (fig. 255), où elles seront reprises comme nous le verrons plus loin.

Le train continu à billettes sert également au laminage des largets jusqu'à 250 mm. Lorsqu'on veut obtenir des largets de 200 mm, on part d'un bloom carré de 200 mm de côté; pour ceux de 250, on part d'un bloom méplat de 250×160.

Le laminage se poursuit dans les mêmes conditions que pour les billettes.

CHAPITRE XX

TRAIN RÉVERSIBLE DE 950

LE train réversible est ainsi nommé parce que, pour obtenir le mouvement de va-et-vient du bloom à travers les cages du laminoir, on change périodiquement le sens de rotation des cylindres. Ainsi qu'on le voit sur le pastel ci-contre ce train comporte 4 cages qui sont, en allant de droite à gauche: le dégrossisseur, l'ébaucheur, le préparateur et le finisseur.

Le dégrossisseur fonctionne comme un blooming de petites dimensions: les cannelures sont analogues à celles des bloomings ainsi que les organes de manutention, et les cylindres peuvent être écartés après chaque passe. Ceux des cages suivantes présentent des cannelures profilées; c'est au passage dans l'ébaucheur que commence à se dessiner le profil.

Avant de monter les cylindres, on les passe au tour pour rafraîchir les cannelures et leur donner le profil exact devant conduire au profil demandé.

La gravure ci-dessous (fig 256) montre la succession des cannelures par lesquelles doit passer successivement une barre dans le dégrossisseur pour être transformée du bloom de 4500 kgs en une poutrelle de 320.

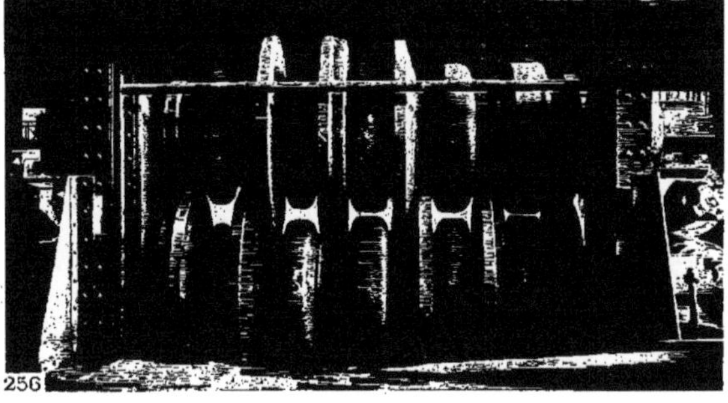

Le train réversible travaille en liaison avec le blooming III et lamine ses produits en une seule chaude: après passage aux fours Pits du blooming III, les lingots provenant de l'aciérie Thomas, sont transformés en blooms, dont la section dite « prise de fer » est appropriée à chaque profil et qui passent immédiatement au train réversible, sans nouveau réchauffage.

Auparavant, le bloom est affranchi aux deux extrémités au moyen d'une cisaille ; puis une ligne de rouleaux l'amène devant la première cage du réversible (fig. 257). Là, il est transformé en une billette carrée ou rectangulaire, puis ripé (fig. 258) successivement

devant les autres cages pour passer dans les cannelures des cylindres ébaucheurs, des cylindres préparateurs et enfin dans le finisseur, qui donne à l'échantillon son profil définitif.

Lorsque la barre arrive dans la dernière cage, son allongement est tel qu'elle serait extrêmement encombrante, dangereuse même pour les ouvriers qui travaillent à une certaine distance. On la guide alors vers des couloirs qui la canalisent et l'élèvent au-dessus du sol (fig. 259), de sorte qu'elle peut atteindre, sans inconvénient, jusqu'à 90 mètres de longueur.

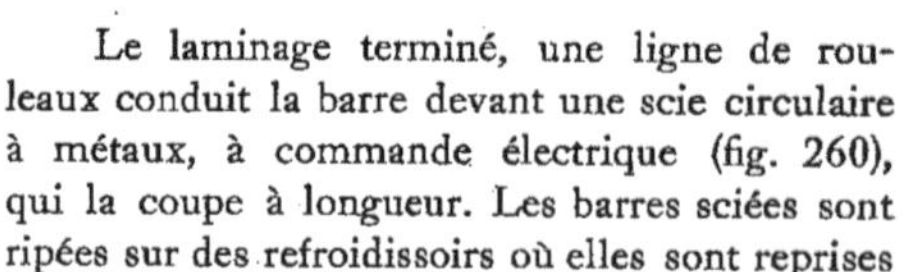

Le laminage terminé, une ligne de rouleaux conduit la barre devant une scie circulaire à métaux, à commande électrique (fig. 260), qui la coupe à longueur. Les barres sciées sont ripées sur des refroidissoirs où elles sont reprises ultérieurement, pour passer dans une machine à dresser qui les rend parfaitement rectilignes.

Les rails sont dressés à la presse par coups successifs. Ils sont ensuite fraisés à leurs extrémités, puis soumis à l'action d'une perceuse horizontale spécialement aménagée pour la confection des trous d'éclisses.

CHAPITRE XXI

LE TRIO DE 550

CE train est destiné à laminer les échantillons de poids moyen (poutrelles de 80 à 160, petits rails, cornières de 70 à 120, ronds de 46 à 130 etc...), en partant de blooms fabriqués aux bloomings II et III et préalablement réchauffés.

261

Pour certaines fabrications, les ronds à tube par exemple, il est nécessaire d'éliminer entièrement les moindres pailles superficielles qui conduiraient à des rebuts. A cet effet, on dispose les blooms sur un chantier où ils sont visités et gougés au burin pneumatique (fig. 261).

Préalablement au laminage, les blooms à traiter sont réchauffés jusqu'à 1200°, dans trois fours placés à proximité du train, puis conduits à celui-ci. Dès qu'ils sont à point, on les fait

262

basculer sur une ligne de rouleaux (fig. 262) qui les conduit aux laminoirs.

Le trio de 550 comprend une cage dégrossisseuse, qui transforme le bloom en une billette carrée ou rectangulaire, puis un ensemble de 4 cages finisseuses accolées, dont une plus petite nommée spatard. Chacune d'elles comporte 3 cylindres actionnés par des moteurs et non réversibles.

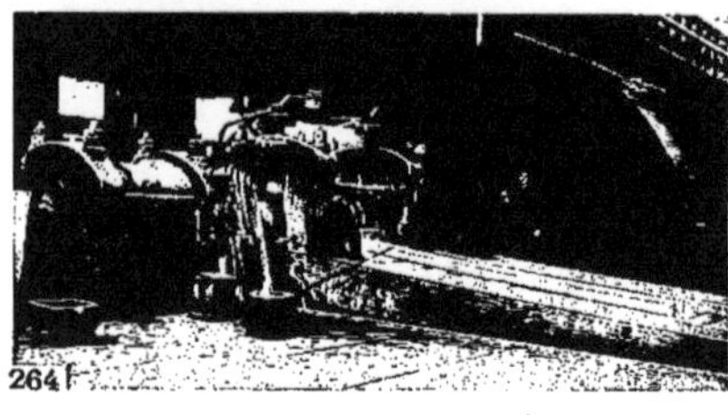

Le dégrossisseur est commandé par un moteur électrique de 1000 CV; ses cylindres ont chacun 600 mm de diamètre et 1 m 60 de longueur de table. Pour effectuer le laminage, il suffit de faire passer successivement le bloom entre les deux cylindres inférieurs et entre les deux cylindres supérieurs. On le guide d'une cannelure à l'autre et on le retourne au moyen d'un retourneur électrique (fig. 263).

Pour permettre de faire passer le bloom au niveau du cylindre supérieur, les lignes de rouleaux situées de part et d'autre du train, sont placées dans un bâti métallique dit tablier releveur, qui peut s'incliner.

La figure 264 montre la barre engagée entre le cylindre médian et le cylindre supérieur, de l'arrière à l'avant du train.

Après un certain nombre de passages, aller et retour dans le dégrossisseur, le bloom est converti en une sorte de billette de section ou prise de fer variable, suivant les dimensions du montage.

Une ligne de rouleaux dirige cette billette sur le train finisseur dont la figure 265 donne une vue d'ensemble. Des ripeurs munis de « doigts » font passer la billette successivement d'une cage à l'autre. Elle est laminée d'avant-arrière et d'arrière-avant suivant un ordre établi, dans des cannelures déterminées, qui lui donnent son profil définitif.

A la sortie du train, la barre est dirigée, toujours par le même procédé, vers le finissage. Elle passe d'abord devant une scie circulaire (fig. 266) qui, après affranchissement de la tête, la découpe en tronçons de longueurs déterminées.

Puis elle est ripée, sur un refroidissoir, où elle est reprise ultérieurement pour être dressée à la presse ou entre des galets (fig. 267), cisaillée à longueur et finalement évacuée sur le parc.

CHAPITRE XXII

LES LAMINOIRS SEMI-CONTINUS

LES trains semi-continus, ainsi nommés parce qu'ils sont constitués par une suite de trains continus et de trains à cages alignées, laminent les petits fers marchands compris entre les limites extrêmes suivantes: ronds de 7 à 45 mm, carrés de 7 à 39 mm, cornières de 20 à 60 mm, plats de 14 à 90 mm de largeur et 3 mm au moins d'épaisseur, demi-ronds de 14 à 50 mm, etc...

Les blooms de 130×130 sortant des cages dégrossisseuses du train continu à billettes sont amenés sur parc (fig. 268).

268

Un pont roulant les dépose sur une petite ligne derouleaux qui les range à proximité du four à réchauffer où ils sont introduits par une pousseuse électrique (fig. 269).

270

A l'autre extrémité, un pont défourneur muni d'un bras à pince qui pénètre dans le four, saisit les blooms (fig. 270) et les dépose sur la

269

ligne de rouleaux (fig. 271) du premier dégrossisseur. Celui-ci est un train continu comprenant 6 cages en file ; chacune d'elles comporte 2 cylindres de 410 mm de diamètre, avec 4 cannelures pour permettre le laminage de 4 types différents de billettes.

Le bloom passe donc successivement dans une des cannelures de chaque cage (fig. 272) et subit deux torsions au cours de ce laminage ; au sortir du train, il est transformé en billette qu'une ligne de

271

rouleaux conduit à une cisaille répartitrice.

Cette billette est alors sectionnée en tronçons de longueurs déterminées [trois par exemple] (fig. 273). L'un d'entre eux, saisi par des ripeurs, glisse sur un plan incliné pour aller alimenter

272

le train de 380 ; les deux autres suivent la ligne des rouleaux qui les conduit au second continu de 300, pour être envoyés ensuite à l'un ou l'autre des trains de 320 et 260 ou à chacun d'eux.

Suivons la première de ces billettes, destinée au train

273

de 380. Ce train se compose de cinq cages comprenant chacune deux cylindres et un rouleau d'entraînement (fig. 274).

La barre passe tout d'abord dans la première cage, est saisie par le lamineur de la deuxième cage, qui l'introduit entre les cylindres, et ainsi de suite jusqu'à ce qu'elle ait franchi d'arrière-avant et d'avant-arrière les différentes cannelures qu'elle doit parcourir avant de recevoir sa section définitive. Elle sort de la dernière cage de droite par une rigole, puis

274

cage de droite par une rigole, puis est dirigée vers le refroidissoir par un train de rouleaux inclinés qui l'applique contre un guide réalisant ainsi un premier dressage.

Les refroidissoirs des trains continus sont constitués par des coupons de rails disposés perpendiculairement à la direction des barres, et sur lesquels elles reposent.

Pour les faire passer progressivement de la ligne de rouleaux d'arrivée à ceux d'évacuation qui se trouvent de l'autre côté, des lames en dents de scie (fig. 275) disposées entre les rails et mues par des excentriques, se soulèvent et déplacent légèrement la barre vers le couloir d'évacuation.

Après plusieurs mouvements de ce genre, les barres froides arrivent sur des rouleaux qui les dirigent vers les cisailles (fig. 276).

Pour le laminage de profils plus petits encore, l'une des billettes découpées à une longueur suffisante, est dirigée vers le second dégrossisseur continu de 300, qui se compose de quatre cages disposées en file. A la sortie de ce train elle est acheminée soit vers le train de 320, soit vers le troisième dégrossisseur continu de 260.

Le train de 320 est analogue à celui de 380; mais il comprend 6 cages au lieu de 5 (fig. 277).

La billette sortant du dégrossisseur de 300 est saisie par la tenaille d'un lamineur, qui la fait passer dans la première cage de droite. Elle revient par la seconde cage, est saisie à nouveau et, après plusieurs passages successifs, sort par la dernière cage de gauche pour aller au refroidissoir d'abord, puis à la cisaille.

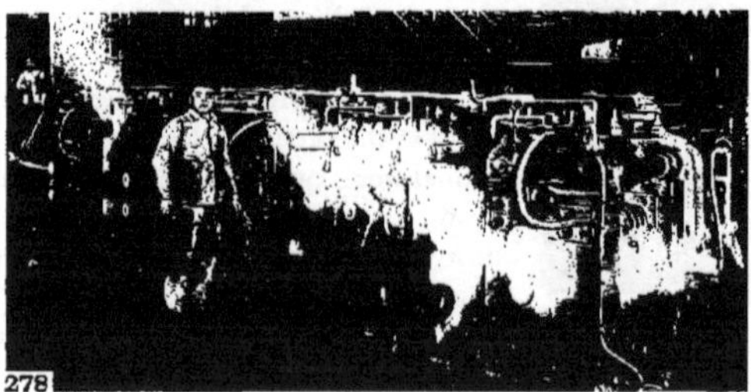

S'il s'agit de profils très petits, tels que les ronds de 8 à 10, la billette qui sort du second dégrossisseur de 300 suit une rigole qui l'amène au troisième dégrossisseur continu de 260, qui comprend 5 cages en file (fig. 278).

En raison de l'allongement qu'elle doit subir, elle est préalablement découpée en deux tronçons par une cisaille à main.

En sortant de ce dégrossisseur, les billettes passent dans le train de 260 qui lamine les ronds de 7 à 14 et les carrés de 7 à 13. Ce train comporte 3 cages. Le doublage est assuré automatiquement entre la première et la seconde par un couloir qui dirige le fer de l'une vers l'autre. Un doubleur la saisit et l'engage dans la troisième. A sa sortie, la barre est coupée par une cisaille volante et les segments sont dirigés alternativement sur chacun des deux refroidissoirs du train.

Tous les refroidissoirs des laminoirs continus sont munis, à leur extrémité, d'une ou de deux cisailles. Lorsque les rouleaux d'évacuation ont reçu un nombre suffisant de barres, on les met en mouvement; les fers, s'avançant, vont se heurter à une butée placée à la longueur voulue (fig. 279). On actionne alors la cisaille, qui coupe toutes les barres à la fois. On les fait tomber dans un berceau disposé

latéralement; lorsque le nombre de tronçons est suffisant, on les ligature. La botte est reprise par un pont-roulant à palonnier (fig. 280); on nomme ainsi le grand tube qui permet de saisir les barres sur toute leur longueur et d'éviter qu'elles ne se ploient au cours du transport. Le paquet est soulevé, pesé, transporté sous deux halles parallèles où viennent se ranger les wagons de chargement (fig. 281).

CHAPITRE XXIII

TRAIN A FIL MACHINE

IL existe un produit encore plus léger que ceux que nous venons de voir laminer: c'est le fil machine. On désigne sous ce nom, du fil rond, livré le plus souvent en bottes circulaires, au plus petit diamètre qu'on puisse laminer, et qui sert de matière première aux tréfileries pour la fabrication du fil de fer ou de la pointe. Le diamètre de ce fil va de 4,9 à 10 mm.

Le laminage se fait d'une matière absolument continue. Le point de départ est la billette de 47 produite au train continu à billettes dont nous avons parlé au chapitre XIX.

Ces billettes sont amenées du refroidissoir du train par un pont-roulant qui les dépose sur une plate-forme inclinée; un ouvrier les fait glisser une à une sur une ligne de rouleaux, qui les conduisent vers le four à réchauffer (fig. 282).

Elles y pénètrent par une ouverture latérale, et y sont portées à la température de 1100 à 1200° convenable pour le laminage. Sur un signal donné, elles sont poussées hors du four (fig. 283).

De fait, le train est organisé pour laminer constamment deux billettes à la fois.

284

Le premier train continu comporte 7 cages (fig. 284) disposées en file, et entre lesquelles les billettes subissent des torsions successives qui améliorent le corroyage de l'acier.

Elles sont ensuite éboutées par une cisaille volante à vapeur (fig. 285), puis conduites par des couloirs semi-circulaires à renversement vers le second continu, qui comprend 6 cages disposées en file (fig. 286).

Une « doubleuse », rainure circulaire dans laquelle passe le fil (fig. 287), les mène

286

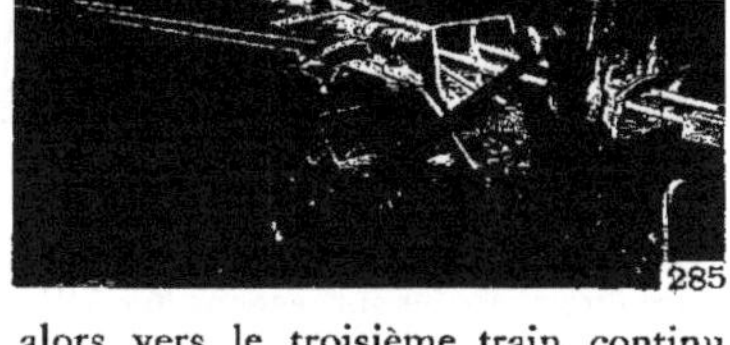
285

alors vers le troisième train continu.

Ce laminoir comporte seulement deux cages disposées l'une derrière l'autre.

Après avoir été doublés une seconde fois, les fils passent successivement dans les quatre

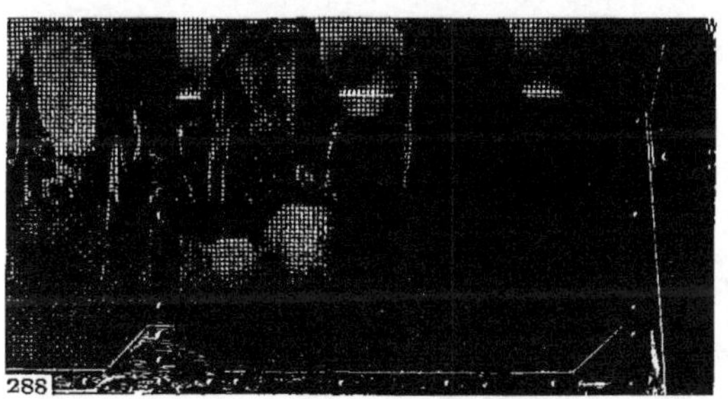
288

287

cages finisseuses (fig. 288). A leur sortie, des tubes conduisent ces fils à la partie inférieure du train, dans des bobinoirs situés au sous-sol.

Chacun des deux fils a à sa disposition deux bobineuses.

Ceci explique pourquoi, sur la fig. 289, quatre tubes paraissent sortir du laminoir : l'une des bobineuses correspond au tube en quart de cercle qui disparaît dans le sol presque à la sortie de la dernière cage, l'autre, au tube le plus allongé.

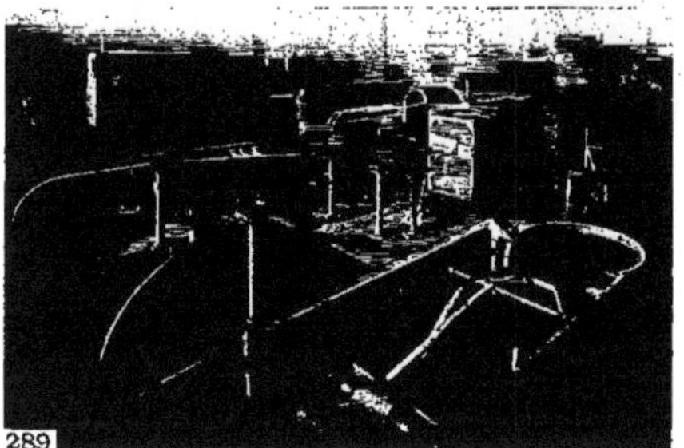
289

Chacune des bobineuses se compose d'une sorte de tambour conique animé d'un mouvement de rotation rapide (fig. 290). Le fil arrive au sommet du cône et s'enroule en couronnes ou bottes circulaires, qui sont saisies, par les doigts d'une chaîne sans fin et tirées sur la gauche; elles sont évacuées ensuite par un plan incliné.

Arrivées en haut, les bottes se sont déjà partiellement refroidies; elles glissent sur un couloir qui

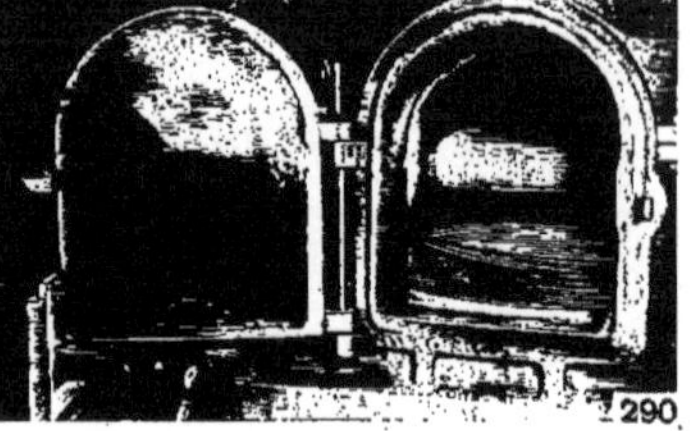

les amène en face d'une chaîne transporteuse sans fin.

Cette chaîne, sur laquelle des ouvriers les basculent, fait faire un long trajet aux bottes, de façon à les refroidir.

Elle les présente ensuite au quai de préparation des commandes, où elles sont saisies, ligaturées, entassées et reprises pour être chargées sur wagons (fig. 291).

Les fils de plus grosses dimensions sont parfois employés comme armatures métalliques dans les constructions en béton armé.

Dans ce cas, ils ne sont plus livrés en bottes circulaires, mais dressés en barres sur des machines spéciales (fig. 292).

CHAPITRE XXIV

TOLERIE III

L A tôlerie III est destinée, à transformer en une seule chaude, des lingots à tôles ou des brames de 8 à 60 mm d'épaisseur. La longueur maxima des tôles produites à ce train est de 28 mètres. Il est alimenté par des lingots méplats d'acier Martin de 200 à 1450 mm de largeur et de 320 à 640 mm d'épaisseur.

Le train à tôles opère par pressions successives sur les lingots. Ceux-ci, habituellement coulés « en source », de façon que les tôles aient une belle peau, sont réchauffés d'abord dans des fours Siémens jusqu'à 1300 à 1400°. Cette température étant atteinte, un pont roulant spécial vient cueillir le lingot au moyen d'une sorte

de palette (fig. 293) et l'amène sur des supports (fig. 294) qui le déposent sur la ligne des rouleaux entraîneurs du train.

Le lingot passe alors entre les cylindres (fig. 295) où il est progressivement écrasé ; le train et les lignes de rouleaux reçoivent, dans ce but, une série de mouvements alternatifs, et les cylindres sont serrés entre deux passages consécutifs.

296

297

299

301

302

Quand l'allongement du lingot est tel que sa longueur correspond approximativement à la largeur future de la tôle (ce que le lamineur vérifie au moyen d'une jauge - fig. 296) on le fait tourner sur lui-même au moyen d'une sorte de pivot hydraulique placé sous la ligne de rouleaux. Ce pivot soulève la tôle; on met les rouleaux en mouvement, et le lingot est alors obligé de tourner; il finit ainsi par se présenter devant les cylindres dans le sens voulu.

On continue alors le laminage dans le sens de la longueur. A chaque aller et retour de la tôle, on augmente la pression; aussi, l'allongement devient considérable. Lorsque le lamineur juge que l'épaisseur est atteinte, il la mesure au moyen d'une sorte de fourchette portant des encoches de repère (fig. 297).

298

La tôle fabriquée est évacuée vers l'arrière par une ligne de rouleaux. Elle est ensuite saisie par des doigts ripeurs (fig. 298) qui la déposent sur l'étendage du refroidissoir. Lorsqu'elle est refroidie, on en visite les deux faces en la saisissant dans les bras de l'appareil retourneur (fig. 299), on s'assure ainsi qu'elle ne présente aucun défaut de surface qui la rendrait impropre aux usages auxquels elle est destinée.

300

Après cet examen, on procède au traçage au cordeau (fig. 300). Des ouvriers munis de crayons de stéatite, de règles et d'équerres métalliques, indiquent les parties qu'il y aura lieu d'enlever pour donner à la tôle les dimensions indiquées par le client, après avoir chuté tout d'abord celles qui présenteraient des défauts extérieurs.

La tôle est ensuite cisaillée au moyen de deux machines distinctes. La première, dite tronçonneuse, affranchit les deux extrémités (fig. 301). Pour couper les côtés de la tôle, on la fait passer sur la cisaille dite de rives (fig. 302). La lame supérieure de ces cisailles est oblique, ce qui permet de donner une succession de coups qui entaillent la tôle sur toute sa longueur.

Pour la fabrication des fonds de chaudières, de réservoirs, etc... il est fréquemment demandé des tôles circulaires; la fabrication de ces «disques» demande des soins particuliers.

On commence par donner à la tôle une forme polygonale; puis on l'introduit dans une cisaille à disques (fig. 303), machine composée de deux parties :

— une sorte de pince constituée par deux tampons portés par deux axes verticaux situés dans le prolongement l'un de l'autre, et qui serrent la tôle par son centre ;

— deux lames de cisaille circulaires à bord biseauté, qui se recouvrent et tournent en sens inverse l'une de l'autre. En mettant les lames de cette cisaille en rotation, elles entraînent la tôle, la font tourner autour de son axe et la découpent en un cercle régulier.

Pour certains usages tels que la fabrication des chaudières, les cahiers de charges imposent des qualités physiques de résistance et d'allongement que l'écrouissage, dû au laminage, a fait perdre au métal. Pour leur rendre ces qualités, on passe les tôles au four à recuire, chauffé au gaz de gazogène, où elles sont soumises à une température de 850 à 900 degrés. A cet effet, elles sont empilées, au moyen d'un pont-roulant, sur un chariot bas, garni de briques

réfractaires, et monté sur une ligne de grosses billes de roulement en fonte (fig. 304). Lorsque le chariot a reçu son chargement (50 tonnes environ), il est tiré par un cabestan dans l'intérieur du four. On ferme alors les ouvertures placées aux deux extrémités.

Après l'opération, qui dure environ 6 heures, les tôles sont extraites du four et refroidissent lentement et progressivement. Elles sont toujours plus ou moins gondolées par l'effet des diverses opérations qu'elles ont subies (recuit, cisaillage, etc...); il est donc nécessaire de les redresser.

On les fait passer entre les cylindres d'une sorte de laminoir à froid (fig. 305), composé de 6 rouleaux inférieurs et de 5 supérieurs disposés en quinconce et animés d'un mouvement de rotation lent.

Les tôles sont enfin placées sur parc. Avant leur expédition, on enlève, avec une meule portative, les petits défauts superficiels qu'elles présentent (fig. 306).

CHAPITRE XXV

LE TRIO LAUTH

LE trio Lauth est destiné à la fabrication de tôles de 3 à 15 mm d'épaisseur; il comprend trois cages: une dégrossisseuse, une finisseuse et une cage à strier. Les deux premières sont munies de trois cylindres de 2 m 30 de longueur de table; les cylindres supérieur et inférieur, commandés par le moteur ont 825 mm de diamètre; le cylindre médian, indépendant du moteur, a 600 mm. La cage à strier dispose de deux cylindres de 825 mm de diamètre et de 1 m 800 de longueur de table; le supérieur est taillé pour imprimer sur une des faces de la tôle des stries rectangulaires ou en losange.

Les brames qui servent de point de départ à la fabrication des tôles sont classées sur parc par ordre de poids (fig. 307); elles sont reprises par un pont-roulant spécial, muni d'une sorte de tenaille, qui saisit les brames et les amène côte à côte, sur la table d'enfournement du four à réchauffer.

De là, elles sont poussées à intervalles réguliers à l'intérieur du four par une pousseuse hydraulique (fig. 308). A l'autre

extrémité, une défourneuse portant un long bras muni d'une sorte de pince (fig. 309), saisit une des brames et la laisse tomber sur des rouleaux qui l'entraînent vers le

train. Elle passe vers l'arrière, entre les cylindres inférieur et médian. Là, un tablier releveur, muni de rouleaux d'entraînement, l'amène au niveau du cylindre supérieur; elle repasse à l'avant et redescend par un mécanisme analogue au niveau du cylindre inférieur. Au cours de ces passes

d'avant-arrière et d'arrière-avant, la brame est aplatie progressivement, tout d'abord dans le sens de la largeur (fig. 310), puis, après retournement, dans le sens de la longueur. On vérifie ces deux dimensions de la même façon qu'à la Tôlerie III.

Sur la figure 311, on voit le lamineur prendre l'épaisseur de la tôle au moyen d'une jauge identique à celle en usage à la grosse tôlerie.

Dès qu'elle est terminée, des rouleaux la dirigent à l'arrière du train vers le four à recuire (fig. 312), chauffé au gaz de hauts-fourneaux; une ligne de rouleaux l'amène ensuite sur des parcs d'étendage où elle se refroidit (fig. 313). Les tôles sont ensuite planées, cisaillées des quatre côtés, et empilées par un pont spécial sur le parc.

CHAPITRE XXVI

LAMINOIRS A TOLES MOYENNES

LE train à tôles moyennes de Sedan a beaucoup d'analogie avec le trio Lauth de Mont-Saint-Martin, à cette différence près toutefois que les tôles y sont toujours laminées en longueur.

Il en résulte que pour obtenir des tôles de largeur déterminée, on utilise des brames dont la longueur est égale à la largeur demandée.

Les brames sont stockées d'après dimensions et qualité sur un parc (fig. 314) situé à la hauteur des fours et desservi par une voie ferrée et un pont-roulant.

Ce dernier, qui pénètre dans la halle des laminoirs, vient déposer les brames sur la plate-forme du four à réchauffer (fig. 315), four continu à gazogène analogue à ceux du trio de 550 de Mont-Saint-Martin.

La brame chaude est reprise par un ouvrier qui la saisit au moyen d'une pince suspendue à un monorail (fig. 316) et l'amène à la première cage du train (fig. 317).

Celui-ci comporte deux cages trio, une cage dégrossisseuse et une finisseuse. Devant chacune des cages se trouve un tablier releveur muni de galets d'entraînement. Par un dispositif électrique, il peut se lever ou s'abaisser au niveau du cylindre supérieur ou du cylindre inférieur. Devant chacun de ces tabliers fixes, se déplace, d'une cage à l'autre, un appareil identique monté sur chariot, qui se présente toujours à hauteur du cylindre inférieur.

La brame passe, successivement, d'avant en arrière entre les cylindres inférieur et médian et d'arrière en avant entre les cylindres supérieur et médian.

Les tabliers releveurs placés à l'avant et à l'arrière la reçoivent et l'élèvent ou l'abaissent selon l'occurrence, en vue de son passage entre tels ou tels cylindres (fig. 318). Elle s'allonge progressivement jusqu'à ce qu'elle couvre le tablier releveur situé à l'avant du train. A ce moment, on place la tôle sur le tablier mobile qui la conduit à la cage finisseuse.

Là, au cours de mouvements de va-et-vient analogues à ceux qui viennent d'être décrits, la tôle s'allonge de plus en plus jusqu'à occuper les deux tabliers (fig. 319).

Lorsqu'elle est arrivée à l'épaisseur demandée, elle est évacuée vers l'arrière par une ligne de rouleaux et un transbordeur, qui la conduit au four à recuire.

Ce four, analogue à celui du trio Lauth de Mont-Saint-Martin (fig. 320) est chauffé, comme lui, au gaz de gazogènes. Les tôles y progressent

lentement au moyen de rouleaux entraineurs protégés par un courant d'eau. La durée de la traversée est calculée de façon à assurer le parfait

recuit des tôles. Celles-ci passent ensuite sur une grille refroidisseuse (fig. 321) et sont dirigées vers une planeuse à plusieurs cylindres (fig. 322), analogue à celle de Mont-Saint-Martin. Enfin,

elles sont visitées sur les deux faces au moyen d'un appareil retourneur (fig. 323), tracées (fig. 324) et découpées aux cisailles.

CHAPITRE XXVII

LAMINOIRS A TOLES MINCES

LES tôles minces de moins de 8 mm sont laminées en partant d'un demi-produit déjà lui-même fortement aplati et qu'on nomme larget. Les largets sont fabriqués au train continu à billettes de Mont-Saint-Martin ainsi que nous l'avons exposé au chapitre XIX. Ils sont livrés en barres de 5 à 6 mètres de longueur et placés sur parc, dès leur arrivée à Sedan, à l'arrière du four à réchauffer (fig. 325). On les cisaille à longueur d'emploi (fig. 326) et à un poids légèrement supérieur à celui que doit avoir la tôle pour tenir compte du déchet au cisaillage; la longueur du larget correspond à la largeur de la tôle. Lorsque celle-ci aura atteint sa longueur normale, au cours du laminage, l'épaisseur correspondra évidemment à celle qu'elle doit avoir, si le larget était lui-même de la section et du poids exigé. Les tôles fines sont obtenues par deux procédés distincts : laminage à chaud et à froid. La différence essentielle consiste en ce que, dans le premier cas, les passes sont effectuées entre des cylindres non refroidis et le plus souvent avec plusieurs feuilles réunies en paquets. Dans le laminage à froid, au contraire, les cylindres des cages finisseuses sont refroidis par un courant d'eau et les tôles y passent une à une. A chaud, on obtient les qualités courantes; le procédé à froid, beaucoup plus lent et plus

délicat, donne les tôles de qualité (glacées, lustrées, à double décapage, polies, etc...).

Les trains de laminoirs à chaud comprennent chacun deux groupes de 3 cages, dont 2 finisseuses et une dégrossisseuse ; cette dernière est placée au milieu. Toutes ces cages sont des duos.

Les largets découpés à longueur sont mis au four à réchauffer. A cet effet, on les dispose de champ sur un plateau mobile (fig. 327) qui avance progressivement à l'intérieur du four.

On les sort par groupes de deux (fig. 328) mais on les lamine d'abord séparément.

Le lamineur introduit les largets un à un entre les cylindres (fig. 329), et l'ouvrier placé de l'autre côté les lui repasse au-dessus du cylindre supérieur (fig. 330).

Au bout d'un certain nombre de passages, les largets se sont considérablement allongés. On les superpose alors et on les lamine ensemble; on obtient ainsi les platines (fig. 331). Ainsi qu'on le remarque sur cette gravure, un aidé débarrasse la tôle au cours de l'opération, des corps étrangers qui pourraient en détériorer la surface. On continue ainsi le laminage, jusqu'à ce que la tôle, s'étant refroidie, ne possède plus la malléabilité suffisante. A ce moment, les platines sont collées par leurs faces internes de sorte qu'elles sont oxydées à l'extérieur et non intérieurement.

On les décolle, on les plie en deux (fig. 332) et, à l'aide d'une presse plieuse (fig. 333), on forme un paquet que l'on remet au four à réchauffer (fig. 334).

Dans le cas de tôles de très faible épaisseur, on peut ajouter une troisième feuille au paquet.

Dès que les tôles sont suffisamment chaudes, on les sort (fig. 335) et on les passe ensemble à l'une des cages finisseuses. On lamine le paquet sans décoller les tôles jusqu'à ce qu'on ait obtenu l'épaisseur désirée (fig. 336). Cette dimension s'établit d'après la longueur effective de la tôle, sa largeur étant restée invariable au cours du laminage. On obtient ainsi les tôles noires ordinaires.

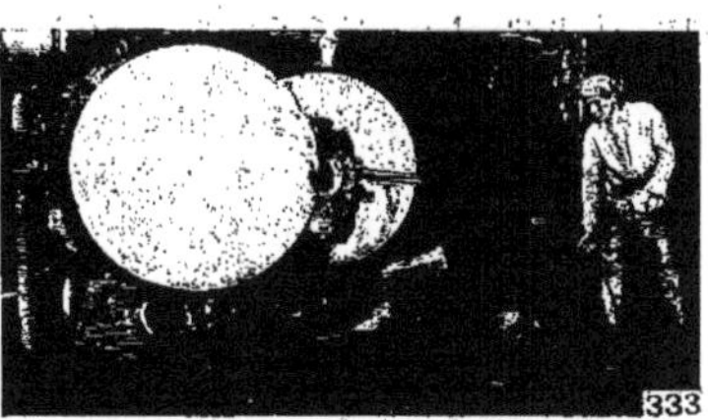

Les feuilles externes du paquet ont leur face extérieure noircie ou bleuie par un dépôt d'oxyde; les tôles situées à l'intérieur sont plus grises, parce que non oxydées.

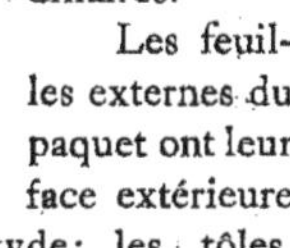

Dès que les paquets sont refroidis, on les passe à la cisaille (fig. 337) qui les découpe aux formats commerciaux. On les décolle ensuite à l'aide de couteaux (fig. 338).

Les trains à froid comportent chacun une cage dégrossisseuse et une cage finisseuse. A la première, on transforme le larget en platines; mais au lieu de plier ces platines en paquet comme dans le laminage à chaud, on les décolle au sortir de la cage, pour qu'elles se recouvrent d'une oxydation légère qui, lors du laminage entre cylindres refroidis, donnera aux feuilles un aspect lustré.

Si on lamine immédiatement les platines, après réchauffage, et sans aucune interruption, on obtient les tôles glacées. Les taches d'oxyde se sont agrandies et donnent aux tôles un aspect nuageux; leur couleur est gris bleuté.

Si on interrompt le laminage des platines, lorsqu'elles ont environ un mètre de longueur, pour les décaper en les plongeant dans un bain acide, on enlève les taches d'oxyde qui auraient pu se former à leur surface; on les réchauffe aussitôt décapage et on termine le laminage à froid. On obtient ainsi un aspect brillant et une teinte uniforme gris-bleu, caractéristiques des tôles lustrées.

Si on décape une première fois les platines au sortir de la cage dégrossisseuse, et qu'ensuite, après laminage à froid, on procède à un second décapage sur les tôles obtenues avant de les passer au four à recuire, elles acquièrent une couleur brillante et sont parfaitement lisses; les tôles ainsi traitées peuvent être vernies directement; ce sont les tôles polies pour carrosserie automobile.

En raison du corroyage subi par le métal au cours du laminage, il est devenu maigre et cassant; il est donc indispensable que toutes les tôles minces laminées à chaud ou à froid passent au four à recuire. Les lustrées ou glacées sont recuites sur grilles, pendant 10 minutes, dans un four spécial. Les autres tôles minces sont recuites en vase clos dans un four à tunnel.

On les empile en tas de 5 à 8 tonnes sur une base en acier moulé, sorte de socle entouré d'une rainure (fig. 339); on recouvre le tout d'une cloche ou caisse (fig. 340) qui vient reposer dans la rainure de la base, où l'on dispose du sable pour constituer un joint étanche à l'air.

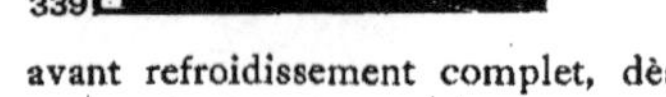

Ces caisses à recuire sont alors placées sur des wagonnets qu'un cabestan amène par files de 6 à 8 à l'intérieur du four où ils stationnent environ 24 heures. A leur passage dans la partie centrale, ils sont soumis à une température de 900 degrés. On les sort un par un (fig. 341); à chaque sortie d'une caisse correspond l'entrée d'une autre à l'autre extrémité.

339

340

Si l'on décaisse les tôles avant refroidissement complet, dès que la température permet de les approcher, elles s'oxydent à l'air et prennent une teinte uniformément bleue recherchée pour certains usages: ce sont les tôles bleuies.

Si on les laisse refroidir sous cloche pendant une nouvelle période de 24 heures (fig. 342) de façon à ne les retirer que complètement froides, elles sont alors lisses et dépourvues d'oxyde.

En quittant les caisses à

341

342

recuire, les tôles sont passées à la machine à planer (fig. 343) qui leur donne leur aspect définitif, puis classées par dimensions et épaisseurs (fig. 344) en attendant leur expédition.

Une assez forte proportion des tôles fabriquées à Sedan est destinée à la galvanisation. Elles subissent alors deux opérations complémentaires: le décapage et la galvanisation proprement dites.

Pour décaper les tôles, on les plonge dans un bain d'acide sulfurique. Les paniers en bronze, qui les reçoivent, sont suspendus à des chariots transbordeurs et se déplacent sur un chemin de roulement. Ils sont ainsi acheminés sur les cuves à décaper (fig. 345) au nombre de 5, dans lesquelles ils sont plongés (fig. 346).

Le premier bac contient de l'eau à la température du bain de décapage; le second contient l'acide; c'est là que s'effectue le décapage qui enlève toutes traces d'oxyde de fer; enfin les trois derniers sont destinés au lavage.

Le passage à chacun d'eux dure quelques minutes, sauf dans le bassin d'acide seulement où les tôles sont laissées environ 10 minutes.

Au sortir des cuves, elles sont placées dans des bains d'attente (fig. 347) contenant de l'eau froide, pour éviter leur oxydation.

On les dirige alors une à une vers la cuve de galvanisation, qui contient un bain de zinc en fusion recouvert de sel ammoniac, pour le tenir à l'abri de l'air. Elles passent préalablement entre des rouleaux qui les assèchent (fig. 348).

Une deuxième série de rouleaux, entraîne la tôle à travers le bain; elle en sort recouverte d'une couche de zinc qui cristallise au refroidissement (fig. 349).

La plupart des tôles galvanisées doivent être ondulées. Elles passent alors à une presse à onduler (fig. 350) qui imprime sur chaque feuille des ondes de dimensions déterminées. Après quoi, elles sont empilées, pesées (fig. 351) et livrées au commerce.

CHAPITRE XXVIII

LES FONDERIES

DANS le chapitre consacré aux hauts-fourneaux, nous avons montré que ces appareils permettent de produire, non seulement la fonte destinée à être transformée en acier, mais encore de la fonte de moulage qui sert à la fabrication de pièces détachées pour machines. Cette fonte se prête tout particulièrement à cet usage en raison de sa fluidité. Cependant, lorsque les pièces doivent répondre à certaines conditions de ténacité, elle n'est pas suffisamment résistante et il est nécessaire d'employer l'acier pour leur moulage. Ces opérations annexes de la métallurgie s'effectuent dans des ateliers spéciaux que l'on nomme fonderies. Il y a donc des fonderies de fonte et des fonderies d'acier.

FONDERIES DE FONTE

La Société des Aciéries de Longwy dispose de deux fonderies de fonte : une à Mont-Saint-Martin, pouvant produire des moulages de 60 tonnes ; une autre à Sedan, aussi importante, mais spécialisée plus particulièrement dans la fabrication des cylindres de laminoirs. Nous allons assister au moulage de pièces de fonte dans ces diverses divisions.

L'opération consiste à verser de la fonte liquide dans des moules spéciaux. Ceux-ci peuvent être établis en sable (moulage en sable), en terre de qualité appropriée (moulage en terre) ou en métal (moulage en coquilles).

Pour plusieurs pièces identiques, on établit tout d'abord un modèle en bois sec verni qui représente exactement la pièce à mouler, et qui doit pouvoir être retiré aisément du sable lors de la confection du moule. La préparation de ce moule se fait ou dans une masse de sable importante disposée à même le sol (moulage à découvert) (fig. 352) ou avec du sable

renfermé dans des châssis (moulage en châssis). Le premier mode s'emploie pour les grosses pièces; le moulage en châssis pour les pièces de moindre importance.

Le châssis est constitué par un cadre métallique sans fond, de forme et de dimensions variables. Lorsque la pièce est haute, on emploie plusieurs châssis superposés, et réunis à l'aide de clavettes. Chaque châssis est préparé séparément. On y place le modèle préalablement ment saupoudré de sable sec, on l'entoure de sable humide que l'on tasse uniformément au moyen d'un fouloir et de la batte (fig. 353). Lorsque le châssis est complètement garni, on lisse la surface en tassant modérément (fig. 354). Des mandrins en bois réservent l'emplacement du jet de coulée et des évents pour la sortie des gaz.

Lorsque les pièces affectent la forme de solides de révolution, comme les cuves par exemple, on fabrique le moule sans modèle en faisant tourner, dans une couche de terre ou de sable, une planche à trousser assujettie à un axe et ayant le même profil que la pièce à fabriquer.

Lorsqu'il y a lieu de ménager un évidement, on place dans le moule des noyaux de sable qui en tiennent la place. Enfin, pour le moulage des pièces qui doivent recevoir une certaine trempe superficielle, on emploie des moules en métal, les «coquilles».

La fusion de la fonte s'opère, soit dans des cubilots à vent soufflé, au nombre de quatre à Mont-Saint-Martin et à Sedan, soit dans des fours à réverbère. Ces derniers sont exclusivement employés à Sedan pour la fabrication des cylindres de laminoirs. On appelle

cubilots, des fours à cuve cylindrique (fig. 355) de 6 mètres de hauteur environ et de diamètre variable. L'armature est en tôle forte garnie intérieurement de briques réfractaires. A la partie supérieure, le gueulard est largement ouvert à l'air libre; au niveau du plancher est ménagée une porte pour le chargement des matières (fig. 356). Le vent arrive au cubilot par une gaine circulaire qui renferme les tuyères. Dans le creuset sont ménagés deux trous de coulée: le plus haut à l'arrière du cubilot, pour les laitiers; l'autre pour la fonte, à la base du plan incliné du creuset.

On passe au cubilot un mélange convenablement dosé de fontes dont on connaît d'avance la qualité, soit par l'examen de leur cassure, soit par l'analyse chimique. Ce mélange est variable mais, dans tous les cas, sa base est essentiellement constituée par la fonte de moulage, obtenue en gueuses aux hauts-fourneaux et tenant une assez forte proportion de silicium.

A ce produit fondamental, on ajoute en plus ou moins grande proportion, des vieilles fontes désignées ordinairement sous le nom de bocages. Ce sont :
— les organes de machines, métal de bonne qualité,
— les fontes de bâtiments, de qualité moyenne,
— les fontes de poëlerie et de fumisterie, de qualité plutôt médiocre.

On charge d'abord dans le cubilot une certaine quantité de bois que l'on recouvre d'une grande épaisseur de coke, puis on place des couches alternatives de fonte et de coke que l'on y jette par la porte de chargement du gueulard (fig. 357). On allume par le trou de coulée ; quand

le feu a gagné le niveau des tuyères, on donne progressivement le vent et on bouche l'orifice d'allumage. Ensuite, les charges se continuent régulièrement avec addition régulière d'un peu de castine, ce corps étant destiné à faciliter la fusion de la fonte, et à s'emparer des impuretés pour en constituer un laitier.

Lorsque le creuset contient une quantité suffisante de fonte liquide, on enlève le laitier, puis on débouche le trou de coulée et on recueille le métal dans des poches (fig. 358).

Pour effectuer le moulage, la poche est amenée par un pont-roulant au-dessus des moules préparés dans la halle de la fonderie. Au moyen d'un volant, le mouleur la fait basculer, la fonte liquide tombe dans l'entonnoir du moule (fig. 359), se répand dans les vides et monte dans les jets de coulée, jusque dans les masselottes.

Lorsque la pièce est solidifiée, on enlève le moule et on procède à l'ébarbage. A cet effet, une scie spéciale découpe les masselottes et les jets de coulée ; les bavures et le sable collé sont enlevés au burin pneumatique.

A côté de moulages de fonte de tous poids, les fonderies de Sedan se sont spécialisées dans la fabrication des cylindres de laminoirs. La fonte utilisée pour cette fabrication est fondue au four à réverbère. Le moule est constitué par deux segments cylindriques se raccordant exactement et garnis à l'intérieur de briques réfractaires, qui donnent en creux la forme du cylindre. La coulée se fait debout par une canalisation extérieure au moule, qui sert de nourrice, et amène la fonte à la base ; il s'agit donc d'une cou-

lée en source. Après démoulage les cylindres sont ébarbés (fig. 360) et finis au tour (fig. 361).

FONDERIE D'ACIER

La fonderie d'acier utilise à peu près les mêmes procédés que celle de fonte. Les moules se préparent sensiblement de la même façon; cependant le sable employé doit être plus réfractaire, et on ménage des masselottes plus nombreuses et plus fortes, atteignant jusqu'à 30 à 40 % du poids de la pièce:

La fonderie d'acier de Mont-Saint-Martin dispose de deux chantiers: le moulage des

pièces pesant jusqu'à 6 tonnes se fait dans la halle disposée à l'arrière d'un four Siémens avec récupérateurs de chaleur analogues à ceux de l'Aciérie Martin (fig. 362), qui produit l'acier liquide d'après les mêmes principes que ces gros fours. Les pièces plus lourdes sont moulées dans la halle de coulée de cette dernière aciérie.

Le métal est coulé dans des poches munies de volants (fig. 363) qui le déversent dans des moules identiques à ceux de la fonderie de fonte, préparés à l'avance, et disposés dans la halle de fonderie.

Pour le moulage des grosses pièces, on utilise les poches à acier de l'aciérie Martin.

Les Aciéries de Longwy fabriquent ainsi toute la gamme des cylindres de laminoirs en acier

(fig. 364). Les moules de ces cylindres sont préparés comme à Sedan. Toutefois, les cylindres en acier coulé doivent être recuits avant finissage, dans des fours analogues aux fours à recuire de la tôlerie (fig. 365).

CHAPITRE XXIX

LE LABORATOIRE - LES ESSAIS

AINSI que nous l'avons fait observer à diverses reprises, l'examen de la cassure des éprouvettes donne une indication au chef de fabrication sur la composition chimique et la qualité du produit. Mais cette appréciation est sujette à erreur, et si l'on n'avait d'autres moyens de contrôle que cet examen visuel, on ne pourrait atteindre que rarement la qualité exigée. Pour avoir une précision absolue sur la composition des produits fabriqués et sur leur teneur en produits étrangers (carbone, silicium, manganèse, phosphore et soufre), il est indispensable qu'ils soient soumis à analyse dans un laboratoire spécialisé.

Les Aciéries de Longwy ont installé un petit laboratoire auprès de certains services, tels que la Cokerie et l'Aciérie Martin, pour l'analyse rapide des produits en cours de fabrication et un laboratoire central tout à fait moderne, doté d'un appareillage perfectionné et d'un nombreux personnel de chimistes, d'aides et d'échantillonneurs.

Ce service d'analyses comporte:

— une salle d'échantillonnage, un atelier mécanique, un laboratoire pour l'analyse des scories de déphosphoration, des castines, sables, chaux, dolomie, ciments, matériaux réfractaires et craies phosphatées ;

— un laboratoire spécial pour suivre la fabrication des aciers Thomas. C'est là, que sont apportées les éprouvettes après cassage, de façon que les résultats de l'analyse puissent être connus avant passage des lingots au blooming ;

— un laboratoire central de contrôle (fig. 366) destiné à l'exécution

des analyses courantes demandées par les services de fabrication et les mines : fontes Thomas et leurs laitiers, fontes hématites diverses, cylindres de laminoirs en fonte et en acier, lingotières et leur base, aciers à outils, aciers divers, minerais de fer, de chrome, de manganèse, ferros et spiegels, métaux (bronze, zinc, aluminium, régule, etc...) scories de fours, etc...

— une salle des balances et une bibliothèque, où les chimistes peuvent consulter les principaux périodiques français et étrangers ;

— un laboratoire de recherches ayant pour objet l'étude spéciale des innovations et perfectionnements concernant la fabrication ; ce laboratoire étudie les méthodes d'analyses et exécute les essais spéciaux qui n'entrent pas dans le cycle journalier ;

— un laboratoire spécial d'attaque pourvu de puissants aspirateurs où se font toutes les opérations de dissolution de produits sidérurgiques.

— un laboratoire d'essais physiques (fig. 367) pour les analyses des différents gaz, la détermination des densités des corps solides et liquides, des constantes des huiles minérales de graissage, benzols, graisses consistantes, les essais calorimétriques des combustibles solides et liquides, l'analyse spectrale, la spectrographie, l'analyse microchimique et micrographique.

Le nombre des dosages effectués chaque année est d'environ 140.000 dont 45.000 pour l'Aciérie Thomas et 20.000 pour l'Aciérie Martin.

Mais la composition d'un produit sidérurgique ne suffit pas pour en déduire la valeur mécanique. Pour chaque emploi déterminé, les grandes administrations, fortes consommatrices d'aciers, ont déterminé des conditions spéciales qu'elles imposent à leurs fournisseurs. Pour s'assurer que les clauses des cahiers des charges sont respectées, elles délèguent, dans les Aciéries, des contrôleurs chargés de suivre la fabrication et les essais en usines avant livraison. Ces agents prélèvent aux emplacements convenables, habituellement précisés, les éprouvettes qui serviront à effectuer les essais ; ils les marquent ; ils suivent les différentes épreuves, rédigent un procès-verbal, et apposent sur la marchandise reconnue satisfaisante, leur poinçon de contrôle. Ces essais sont variables suivant les produits et leur destination. Cependant, les cahiers des charges définissent avant tout la résistance du métal à la traction et son allongement de rupture ; ces caractéristiques font l'objet d'essais de traction.

Les barres choisies par le contrôleur pour ce genre d'épreuves sont passées au tour pour la fabrication des éprouvettes de traction, dont la longueur est fonction de la section. Les têtes des éprouvettes sont engagées entre les mors de la machine à traction (fig. 368). L'un des mors est fixé à un piston hydraulique qui monte graduellement. L'aiguille placée sur le côté de la machine indique, à tout moment, la valeur des charges. Lorsque l'éprouvette casse, on lit la charge totale de rupture, chiffre qu'on ramène aisément, par le calcul, à la charge par millimètre carré de section. La nouvelle

369

longueur de l'éprouvette est mesurée et, comme la longueur entre repère est habituellement de 100 mm, on obtient immédiatement l'allongement pour cent.

L'essai de traction qui donne la nuance du métal n'est pas toujours suffisant. Afin de s'assurer que le métal est sain et homogène et qu'il pourra subir l'effort auquel on le destine, on le soumet encore à des essais de pliage (fig. 369) (fréquemment appliqués aux tôles qui doivent supporter ces épreuves sans présenter aucune crique ni rupture), de dureté à la machine à bille Brinell, de poinçonnage, de mandrinage, d'emboutissage, de forgeage, de soudabilité, etc...

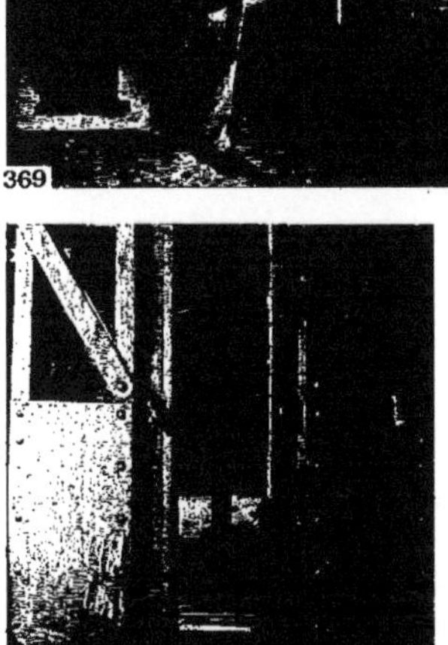

370

Enfin, certains profils et les rails en particulier sont soumis à des essais de choc. Ceux-ci s'effectuent sur des barrettes à section pleines ou entaillées, naturelles ou recuites, trempées et revenues, suivant les traitements thermiques que le métal doit subir ultérieurement. A cet effet, les barreaux sont soumis à l'effort d'un mouton de 300 kg

371

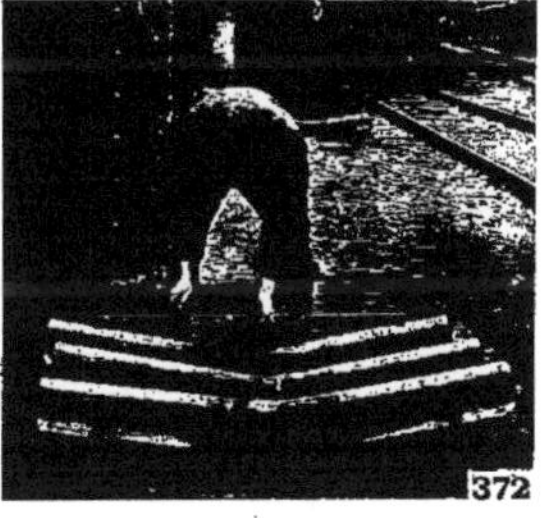

372

(fig. 370) tombant d'une hauteur variable suivant le poids métrique du rail et la nature du métal exigé (fig. 371). On mesure la flèche (fig. 372). Certaines machines donnent la résilience ou l'effort nécessaire en kilogrammètres pour obtenir la rupture de la barrette soumise au choc.

CHAPITRE XXX

LES SOUS-PRODUITS

LES opérations métallurgiques, dont nous venons de parcourir les différents stades, donnent à côté du produit principal, objet direct de l'opération, des substances accessoires ou déchets dont on cherche à tirer parti dans toute la mesure du possible : ce sont les sous-produits.

C'est ainsi que les hauts-fourneaux fournissent, outre la fonte, le gaz, dont nous avons déjà vu l'utilisation, la poussière abandonnée par les gaz, et enfin le laitier. L'Aciérie Thomas laisse comme sous-produits : les projections de convertisseurs, les riquettes et principalement les scories de déphosphoration ; l'Aciérie Martin donne aussi des riquettes et des scories. Les productions secondaires des laminoirs consistent en scories de réchauffage, battitures et chutes. Nous allons passer en revue les diverses applications des principaux sous-produits.

Le *laitier* des hauts-fourneaux est coulé périodiquement, soit en poches, soit directement dans l'eau. Dans le premier cas, les poches sont vidées soit dans des espèces de bassins creusés à même le sol, lorsque le laitier doit être repris aussitôt refroidissement, soit sur des crassiers, lorsque l'exploitation ne doit pas en être immédiate.

Le laitier refroidi est repris au pic en blocs plus ou moins volumineux (fig. 373), chargé sur wagons et déversé dans des concasseurs (fig. 374) · on obtient ainsi le ballast.

A sa sortie une noria conduit le laitier broyé dans un trommel (fig. 375) qui le sépare en 6 grosseurs différentes :

— le N° 0, dit crassette terreuse ;
— le N° 1, appelé crassette 5/15 ;
— le N° 2, à l'anneau de 10 à 20 mm, employé pour le béton ;
— le N° 4, à l'anneau de 20 à 40 mm, pour béton et empierrements ;
— le N° 6, de 40 à 60 mm, qui sert aux empierrements ;
— le N° 7, de 60 à 70 mm, destiné au même usage.

Des wagonnets conduisent le ballast jusqu'au quai de déchargement et le versent directement dans les wagons d'expédition.

Ce produit est utilisé pour l'établissement des voies de chemins de fer ; les Compagnies l'emploient en grandes quantités pour le bourrage des traverses ; il sert également pour la préparation du béton et le revêtement des routes. Depuis quelques années, on fait passer le laitier de diverses grosseurs dans des bains de goudron: c'est alors le tarmacadam de plus en plus utilisé pour la construction et l'entretien des chaussées.

En raison de l'encombrement qui résulte de la présence des crassiers au voisinage des usines, on a cherché à trouver une autre utilisation de ce sous-produit encombrant.

Lorsqu'on fait couler le laitier incandescent dans un réservoir d'eau, il se granule en donnant naissance à une espèce de sable cristallin, aux grains assez volumineux, que l'on appelle la *claine*. On recueille cette claine, pour la mettre en silos, au moyen de grappins spéciaux, ou en faire des terrils au sommet desquels aboutit un transporteur aérien.

Les entrepreneurs emploient la claine en guise de sable dans leur maçonnerie ; mais ce sous-produit est employé en plus grande proportion dans la confection du ciment et des briques.

Les Aciéries de Longwy ne fabriquent pas de ciment de laitier, mais elles disposent près des hauts-fourneaux de Moulaine, d'une briqueterie équipée pour une production mensuelle d'un million de briques, faites d'un mélange de claine et de chaux soumis

à l'action d'un broyeur mélangeur et pressé (fig. 376). Les briques ainsi façonnées sont disposées sur des claies de séchage, puis transportées sur des auvents où elles sèchent à l'air libre.

Avec le même mélange convenablement damé et lissé dans des moules spéciaux, on fabrique également des pierres artificielles

imitant parfaitement la pierre naturelle (fig. 377).

Le principal sous-produit de l'Aciérie est la *scorie de déphosphoration*, qu'il ne faut pas confondre avec le laitier. Sur le bain d'acier du convertisseur surnage, nous l'avons vu, une scorie pâteuse renfermant, combinées à la chaux, les impuretés de l'acier, et en particulier le phosphore, sous forme de phosphate de chaux. De ce fait, ce sous-produit prend une importance considérable pour l'agriculture, qui l'emploie comme engrais. La scorie contient, en effet, de 14 à 20 % d'acide phosphorique. Elle est insoluble dans l'eau ; mais son acide phosphorique se dissout lentement sous l'action des sels et des acides renfermés dans les radicelles des plantes et d'autant plus rapidement que le produit est moulu plus finement.

A chaque opération, les scories sont coulées dans des bacs qui sont réunis en trains complets (fig. 378) et vont déverser leur contenu sur un parc spécial.

Reprises ensuite, elles sont versées par un pont-roulant dans les trémies d'alimentation des broyeurs (fig. 379). Soumises

d'abord à un premier concassage dans des broyeurs dégrossisseurs à boulets et à aubes (fig. 380), les scories remontent ensuite au moyen d'une noria, dans deux tubes finisseurs. Ces tubes qui ont 8 m de longueur et 1 m 30 de diamètre (fig. 381) contiennent 16 tonnes de boulets de 50 mm, en acier forgé. Par suite du mouvement de rotation des

tubes, les boulets pulvérisent la scorie qui sort à une finesse telle que 75 % minimum de la masse passe au travers du tamis N° 100 (100

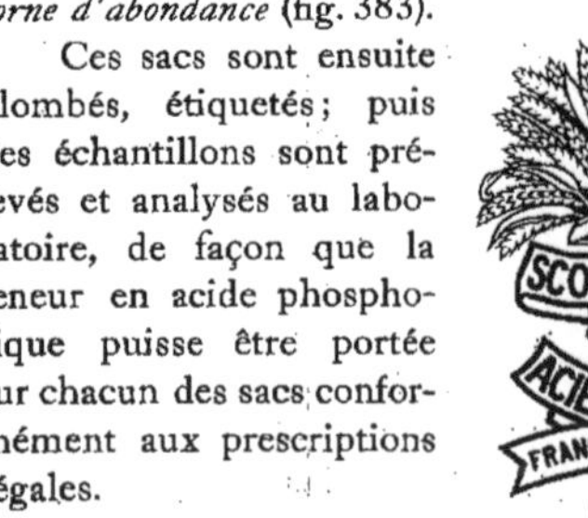

mailles au pouce-mailles de 0 mm 17).

Selon le cas, la scorie moulue est emmagasinée dans des silos ou bien versée directement dans des sacs pour l'expédition.

Les silos, d'une capacité totale de 15.000 tonnes sont prévus pour emmagasiner la production des broyeurs pendant les mois de mévente, c'est-à-dire de mars à fin juin. La production y est reprise, le moment venu, au moyen de trémies placées à la partie inférieure et munies de soles doseuses. Des ensacheurs automatiques (fig. 382) remplissent des sacs de 100 kgs portant notre marque spéciale de fabrique, la *corne d'abondance* (fig. 383).

Ces sacs sont ensuite plombés, étiquetés ; puis des échantillons sont prélevés et analysés au laboratoire, de façon que la teneur en acide phosphorique puisse être portée sur chacun des sacs conformément aux prescriptions légales.

IV

LES LIVRAISONS
A LA CLIENTÈLE

CHAPITRE XXXI

LES LIVRAISONS A LA CLIENTÈLE

APRÈS avoir passé au finissage, les produits fabriqués aux différents trains de laminoirs sont déposés sur des parcs avoisinant chacun d'eux. Les parcs de finissage sont généralement couverts; il en est de même de ceux des laminoirs continus (fig. 384) qui renferment toute la série des aciers marchands de moyens et petits profils et du parc à tôles fines de Sedan (fig. 385). Les autres parcs sont situés à l'air libre; parc à poutrelles (fig. 386); à rails (fig. 387);

à tôles fortes (fig. 388). Leur superficie totale est de 15 hectares, dont 8,5 entièrement couverts; tous sont desservis, sur toute leur longueur, par des chemins de roulement sur lesquels

circulent 38 ponts-roulants équipés de la façon la plus moderne pour la manutention rapide et économique des barres d'acier. Ces ponts portent une grosse poutre horizontale, nommée palonnier, aux deux extrémités de laquelle sont fixées des chaînes qui soutiennent les bottes de barres à placer sur wagons (fig. 389 et 390).

Les parcs d'étendage et d'expédition sont parcourus par des voies de chemins de fer à écartement normal de façon à permettre le chargement des wagons sur place. Le transport des tôles de grandes dimensions nécessite l'installation de châssis spéciaux (fig. 391). Dès que les wagons sont chargés, des locomotives de l'usine les enlèvent pour les conduire à la bascule. Ils sont ensuite rassemblés en trains complets, que les machines de la Compagnie de l'Est prennent sur raccordement pour les acheminer vers leur destination.

L'importance des fabrications et la diversité des profils et de leurs dimensions rend souvent difficile aux usines métallurgiques la préparation et la livraison des commandes de détail. On ne fait effectivement des montages de cylindres que lorsque le tonnage commandé dans un profil déterminé est suffisamment important pour répondre aux besoins de la clientèle. Il est donc nécessaire qu'entre le consommateur et le fabricant un intermédiaire intervienne pour constituer des stocks extrêmement variés, permettant de répondre aux demandes de livraisons partielles et immédiates dans le plus grand nombre de profils. C'est dans ce but que la Société des Aciéries de Longwy a créé, dans toutes les régions de la France, des dépôts particuliers dont elle renouvelle périodiquement les stocks, et qui tiennent à la disposition de la clientèle régionale les petits tonnages de profils courants dont elle peut avoir besoin journellement.

Dans ces Dépôts, installés à Paris, Lyon, Marseille, Toulouse, Bordeaux, Montluçon, Nantes, Rouen, Lille, Reims, Nancy et Strasbourg, sont entreposés des stocks importants de tous les produits fabriqués dans les usines de la Société: parcs à poutrelles (fig. 392) ordinairement découverts et parcourus

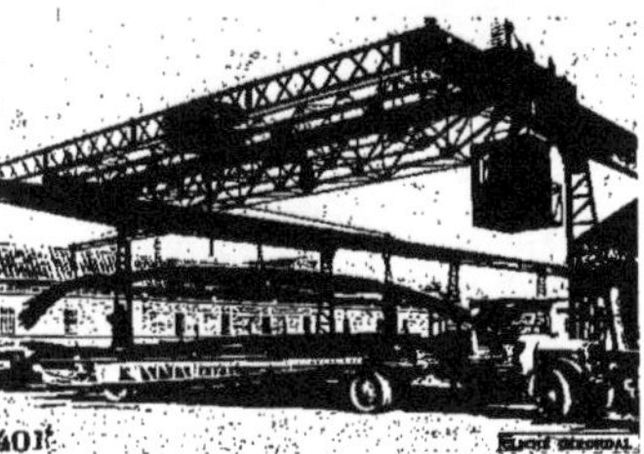

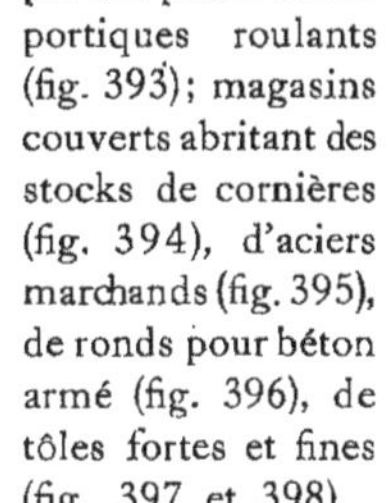

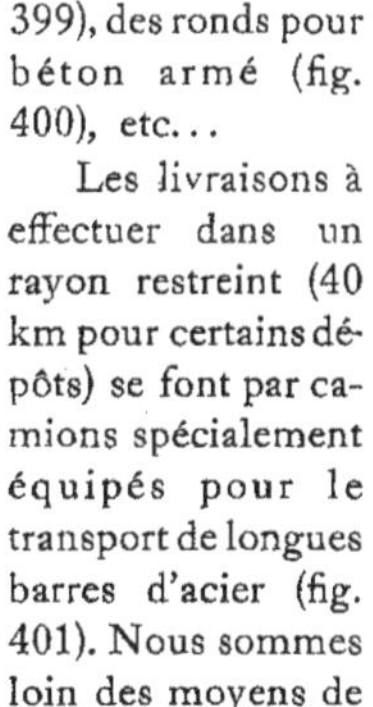

par des ponts et des portiques roulants (fig. 393); magasins couverts abritant des stocks de cornières (fig. 394), d'aciers marchands (fig. 395), de ronds pour béton armé (fig. 396), de tôles fortes et fines (fig. 397 et 398).

Chacun de ces parcs est outillé spécialement pour la préparation des commandes et en particulier pour le cisaillage à longueur des poutrelles (fig. 399), des ronds pour béton armé (fig. 400), etc...

Les livraisons à effectuer dans un rayon restreint (40 km pour certains dépôts) se font par camions spécialement équipés pour le transport de longues barres d'acier (fig. 401). Nous sommes loin des moyens de transport rudimentaires (fig. 402) que l'on est parfois contraint d'employer dans certains pays où *Longovica*, Filiale d'Exportation des Aciéries de Longwy, possède des Dépôts et Agences.

En raison des facilités accordées à la clientèle par l'installation de ces dépôts régionaux, les Aciéries de Longwy furent amenées petit à petit à entreposer, à côté des laminés de leur fabrication, les produits transformés de Sociétés filiales ou amies. C'est ainsi que les dépôts offrent outre les aciers marchands et profilés de tou-

tes sortes, des feuillards (fig. 403), des tubes en acier de la Société *Louvroil & Recquignies* (fig. 404), des raccords pour tubes (fig. 405), des fils, pointes et grillages de la *Société Métallurgique de Gorcy*, des appareils de chauffage et accessoires de la marque *Godin*, des zincs bruts et ouvrés de *la Vieille Montagne*, des métaux ouvrés des *Tréfileries du Havre*, des tuyaux de plomb, et même certains d'entre eux, des appareils sanitaires.

Cet approvisionnement dans des magasins contigus permet aux constructeurs, architectes et entrepreneurs de trouver prêts pour la livraison tous les articles de quincaillerie et de ferronnerie qui leur sont nécessaires.

V

ŒUVRES PATRONALES ET SOCIALES

CHAPITRE XXXII

ŒUVRES PATRONALES ET SOCIALES

CERTAINS se plaisent trop souvent à présenter les entreprises métallurgiques comme des associations de capitaux dirigés vers un seul but: leur plus grand profit, et se servant uniquement de la classe ouvrière pour sa réalisation. Les rapports aux Assemblées générales des Aciéries de Longwy prouvent l'inexactitude de cette assertion.

A l'heure actuelle, la Société verse annuellement:

— au travail, représenté par 10.000 ouvriers et employés. . 97.314.101 frs
— aux diverses œuvres d'assistance et de prévoyance établies
    en faveur du personnel . . . . 15.329.064 »
— à l'Etat (impôts divers) . . . . 28.738.122 »
— au capital, représenté par plus de 10.000 actionnaires . 13.276.585 »

Il est donc plus exact de dire que les Sociétés métallurgiques sont des associations d'actionnaires venant se grouper autour des fondateurs pour mettre en commun leurs économies et défricher, à leurs risques et périls, le chemin de l'industrie, tout en assurant à une nombreuse population les moyens de vivre.

La Société des Aciéries de Longwy, a d'ailleurs toujours pensé que sa prospérité doit être faite, avant tout, du bien-être de tous ses agents sans distinction. Depuis sa fondation, avec une sollicitude constante que les difficultés de l'après-guerre n'ont fait qu'accroître, elle s'est préoccupée d'améliorer les conditions du travail, en vue de le rendre à la fois moins pénible et plus rémunérateur, et n'a cessé, en outre, de créer et de développer des œuvres de toute nature qui ont puissamment contribué au développement du bien-être matériel, intellectuel et moral de la population.

Cette action sociale, quelle que soit la forme de ses manifestations, s'est toujours exercée avec autant de discrétion que de générosité: les Aciéries de Longwy n'ont pas entendu établir de distinction et de hiérarchie, et nous irions certainement à l'encontre du but qu'elles ont poursuivi en soulignant une œuvre plutôt qu'une autre. Nous devons néanmoins attirer plus particulièrement l'attention sur l'action féconde que la Société a poursuivie en faveur du logement et de l'instruction de son personnel.

Dès avant-guerre, mais surtout depuis l'armistice, elle a réalisé un vaste programme de constructions dont les résultats bienfaisants se font déjà largement sentir. Installés dans des maisons claires et spacieuses, bien aérées et confortables, les ouvriers se sentent davantage à l'abri du lendemain, et, sous un toit qui est le leur, ils se donnent avec plus de plaisir à leur métier et à leur famille.

Le nombre des logements mis par la Société à la disposition de son personnel employé et ouvrier, est actuellement de 1029, dont 777 maisons individuelles avec 3539 pièces, et 252 maisons collectives avec 768 pièces; ces immeubles sont construits dans les localités avoisinant l'usine, à Mont-Saint-Martin, Gouraincourt, Longlaville, et Longwy-Haut. Dans ces quatre agglomérations, le nombre des salariés logés est de 1715 sur un effectif total de 5700; il est à noter que dans ce dernier chiffre sont compris 1334 ouvriers belges et luxembourgeois qui habitent tous dans leurs pays respectifs. Le personnel non logé reçoit une indemnité mensuelle de 25 frs.

Depuis l'armistice, et sans compter les travaux en cours, les Aciéries de Longwy ont consacré à la construction de maisons ouvrières une somme de 36.936.000 frs. Elles poursuivent actuellement la construction de 212 logements dont 3 de 6 pièces, 20 de 5 pièces, 35 de 4 pièces, 152 de 3 pièces et deux de 2 pièces.

Les maisons individuelles sont isolées, jumelées, ou groupées par 3, 4 et plus; entre sol et toiture, elles ne comportent que le logement d'une seule famille (fig. 406). Ces maisons ont presque toutes un jardin d'un ou de 2 ares; elles disposent de l'eau potable, de l'électricité et très souvent du gaz d'éclairage. Elles sont louées, suivant leur importance à raison de 8 à 11 frs par pièce.

La Société met également à la disposition de ses employés et ouvriers, moyennant une légère rétribution, des jardins ou des parcelles de prairies. Pour l'année 1928, elle a ainsi loué 722 jardins, d'une superficie de 16 ha 27 a, et 238 parcelles de près d'une surface de 6 ha 87 a, soit au total 960 parcelles (23 ha 14 a) pour un effectif moyen de 5200 ouvriers et de 500 employés.

Aux Mines de Moulaine et de Tucquegnieux, la Société a complètement parachevé son programme. Tout son personnel employé et ouvrier est logé dans des maisons isolées

(fig. 407) ou en cantines (fig. 408). Le programme de construction de la Société n'est pas encore entièrement exécuté, mais il est en bonne voie de réalisation et on peut entrevoir le jour où la question de l'habitation étant résolue, la stabilité du personnel aura atteint son maximum. Le problème du recrutement se posera alors dans des conditions beaucoup plus favorables.

Les photographies reproduites ci-contre témoignent de l'intérêt primordial que le Président, Alexandre DREUX, a toujours attaché à cette question du logement.

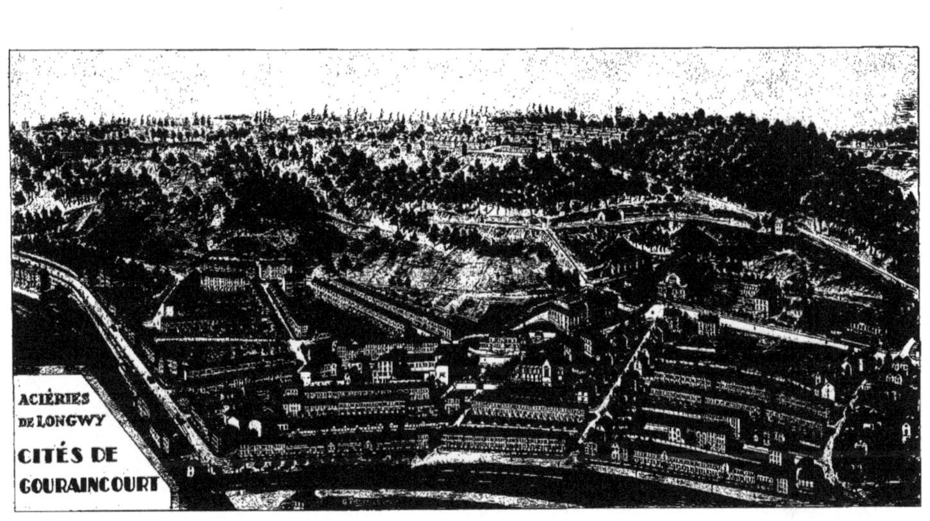

ACIÉRIES
DE LONGWY
CITÉS DE
GOURAINCOURT

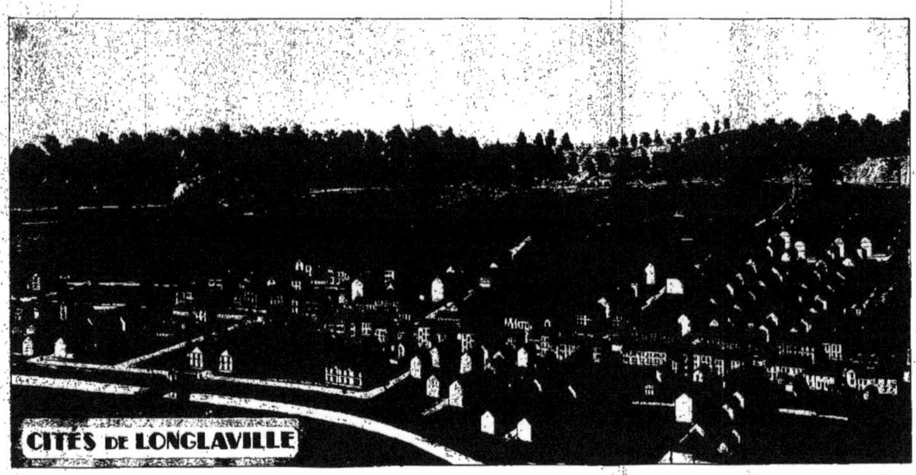

CITÉS DE LONGLAVILLE

CITÉS DE TUCQUEGNIEUX (VILLAGE)

Une autre œuvre, à laquelle la Société des Aciéries de Longwy s'est spécialement consacrée, est celle de l'instruction et de l'éducation. Pour permettre à ses employés et ouvriers de remplir leurs devoirs, et offrir à leurs familles la possibilité de donner à leurs enfants une éducation religieuse, la Société a construit, entièrement à ses frais, les belles et vastes églises de Gouraincourt, Mont-Saint-Martin (fig. 412), Longlaville et Moulaine, situées à proximité des usines et au centre des agglomérations. Elle prend, en outre, intégralement à sa charge, les dépenses de traitement, de logement et de chauffage des desservants de ces quatre paroisses.

D'autre part, si elle n'a cessé de seconder d'une façon efficace l'école publique, elle a aussi organisé, dans cet ordre d'idées, toute une série d'institutions qui sont un de ses meilleurs titres à la reconnaissance de la population : écoles maternelle et primaire ; école ménagère ; cours d'apprentissage et d'enseignement professionnel ; école professionnelle, etc....

En outre, et c'est un point qu'il n'est pas inutile de souligner, elle a facilité aux enfants le mieux doués de ses employés et ouvriers, l'accession à des situations solides et même brillantes et, à l'heure actuelle, un certain nombre de ces jeunes gens occupent à l'usine des postes enviables où ils dépensent, dans l'intérêt de la Société et de leurs familles, les trésors d'intelligence, d'énergie et de dévouement qui, sans l'aide généreuse des Aciéries de Longwy, eussent été irrémédiablement perdus. En permettant ainsi à cette jeunesse de donner toute sa mesure, la Société a accompli une œuvre sociale qui justifie pleinement à elle seule les sacrifices consentis.

Le bourg de Moulaine, dépendant de la commune d'Haucourt, mais assez éloigné des agglomérations voisines, constitue une division de la Société qui comprend des mines de fer et des hauts-fourneaux. Les Aciéries de Longwy y ont fait construire une école (fig. 413) de trois classes (fig. 414) et une garderie fréquentée par 150 enfants ; elles assurent le traitement des instituteurs et institutrices.

A Mont-Saint-Martin, la Société a fondé une école maternelle qui reçoit, de 1 à 6 ans, les enfants des ouvriers et employés.

Des maîtresses dévouées veillent avec sollicitude sur tout ce qui touche à la santé et à la bonne tenue des bambins qui leur sont confiés et leur inculquent les premiers principes d'éducation morale et des connaissances usuelles (fig. 415).

D'autre part, la Société a attaché un intérêt tout particulier à l'enseignement professionnel. A cet effet, elle a créé notamment une école ménagère et des cours professionnels et techniques.

L'Ecole Ménagère (fig. 416) fut fondée en 1903 pour les jeunes filles du personnel; elle est placée sous le patronage de sa créatrice, Madame Alexandre DREUX. Son but est de donner aux élèves les connaissances que doit posséder une bonne ménagère et en particulier des notions théoriques et pratiques de lavage,

de repassage, de couture (fig. 417), de lingerie (fig. 418) et de cuisine (fig. 419), auxquelles

viennent s'ajouter des éléments de puériculture, d'hygiène, de propreté, d'horticulture, et d'économie domestique.

L'enseignement est donné par une directrice, une sous-directrice et par cinq maîtresses et sous-maîtresses d'atelier.

Les cours sont entièrement gratuits; ils peuvent être suivis par toutes les jeunes filles des employés et ouvriers de l'usine, âgées de 13 ans au moins et ayant terminé leurs études primaires. Ils sont répartis en quatre années, avec une moyenne annuelle de 20 à 25 élèves.

Des récompenses sont accordées aux meilleures élèves et distribuées dans une séance solennelle qui a lieu au début du mois d'octobre. En outre, la Société des Aciéries de Longwy remet en fin de scolarité, et à titre gratuit, à toutes les jeunes filles, un trousseau fabriqué à l'école par les élèves elles-mêmes. Ce trousseau, d'une valeur approximative de 600 frs, comprend: une parure de mariée, 2 draps de lit, 1 nappe et 12 serviettes de table, 4 taies d'oreiller, 6 serviettes-éponge pour la toilette, 6 essuie-mains de toile, 5 chemises de jour, 2 chemises de nuit, 2 combinaisons-jupons, douze mouchoirs.

Enfin, les meilleures élèves sont présentées chaque année aux examens du Certificat d'Aptitude Professionnel organisé par les soins de l'Enseignement Technique.

A côté de l'enseignement ménager, la Société des Aciéries de Longwy a organisé des cours d'apprentissage et d'enseignement technique.

La durée de l'apprentissage est fixée à quatre années, pendant lesquelles les apprentis sont successivement occupés à tous les travaux de leur profession, compte tenu de leurs aptitudes et des progrès réalisés. Ils reçoivent une rémunération, dont le taux est fixé dans le contrat d'apprentissage et qui va croissant d'année en année. Une partie de l'augmentation est mise en réserve en garantie de l'exécution du contrat, et inscrite au crédit de l'apprenti, au profit duquel elle porte intérêt à 5 %.

L'enseignement comprend:

— des cours de technologie pour les modeleurs et les mouleurs, les ajusteurs et les tourneurs avec une section spéciale pour les tourneurs en cylindres;

— des cours de dessin industriel à l'usage des employés du service des études et travaux, des ouvriers et agents de maîtrise du service du chemin de fer;

— des cours d'électricité et de chimie, de comptabilité, de sténographie et de dactylographie, de langues (anglais, allemand et italien).

Dans toutes ces matières, l'enseignement est donné par des professionnels, ingénieurs et employés au service de la société, suivant un programme et un horaire arrêtés au début de chaque année scolaire.

En fin d'année et pour tous les cours ont lieu deux séries d'examens:

1) des examens à l'intérieur de chaque cours;

2) les examens du certificat d'Aptitude Professionnel, réservés aux meilleurs sujets.

Les lauréats sont récompensés par des prix en espèces ou en nature, distribués au cours d'une séance solennelle, avant la rentrée d'octobre.

Pour l'année scolaire 1928/1929, 417 élèves ont fréquenté l'enseignement technique. Ce chiffre représente une augmentation de 42 unités sur l'effectif de l'année précédente (375 élèves); en 1923, le nombre des élèves était de 232; en 1924, de 315; en 1925, de 350. Cette progression constante est le signe de la confiance des familles et de l'intérêt le plus vif que les jeunes gens eux-mêmes prennent à cette institution.

Les succès obtenus aux examens du Certificat d'Aptitude Professionnelle soulignent également les résultats encourageants des cours d'apprentissage. Pour la région de Longwy, le nombre des candidats au C. A. P. était de 91 en 1929; 74 furent reçus. Sur ce nombre, la Société des Aciéries de Longwy présentait 36 candidats; 35 se classèrent dans les premiers rangs. En 1928 sur 47 candidats que présentait la Société, 44 subirent l'examen avec succès.

Pour l'enseignement ménager, sur 14 candidates présentées en 1929, 7 appartenaient à la Société et furent toutes reçues; comme les années précédentes, elles obtinrent le maximum des points.

Cette organisation déjà très complète va être parachevée par une institution professionnelle en cours de construction, l'Ecole Edouard DREUX (fig. 420), destinée avant tout à compléter la formation primaire des enfants qui désirent entrer en apprentissage ou dans les services administratifs, commerciaux ou financiers de la Société.

Les cours seront gratuits; ils auront une durée de deux années et seront réservés, en principe, aux enfants du personnel employé et ouvrier. L'admission aura lieu à partir de 12 ans; pour la première année, elle se fera à la suite d'un concours auquel ne pourront prendre part que les enfants signalés par leurs instituteurs comme capables de suivre avec fruit l'enseignement de l'école; seront éliminés, en fin de première année, ceux qui se seront montrés incapables d'en tirer profit. Les élèves de seconde année formeront une élite dans laquelle seront recrutés, notamment, les boursiers de la société pour les différentes écoles professionnelles. En fin de scolarité, les élèves seront répartis, suivant leurs aptitudes, dans les différents services de l'usine.

L'intérêt que la Société des Aciéries de Longwy a toujours porté à l'enseignement se manifeste en outre, par un certain nombre d'autres initiatives :

— attribution de bourses aux élèves les plus méritants parmi les enfants du personnel, afin de leur permettre de poursuivre leurs études primaires, secondaires ou même supérieures, d'aborder la carrière d'ingénieur et d'arriver ainsi plus tard à des situations intéressantes ;

— attribution, en fin d'année scolaire, de primes aux élèves des écoles communales (garçons et filles) reçus aux certificats d'études ;

— fournitures de matériel scolaire aux écoles communales (cartes, tableaux, appareils cinématographiques) et subventions aux caisses des écoles ;

— subvention pour la constitution ou l'agrandissement des bibliothèques scolaires ;

— subventions aux communes (Hussigny, Tucquegnieux, Mont-Saint-Martin, Longlaville) pour la construction, l'agrandissement et l'aménagement des locaux scolaires.

La Société des Aciéries de Longwy a également organisé une bibliothèque pour son personnel. Cette bibliothèque, qui existait déjà avant-guerre, comprenait alors 1200 ouvrages qui furent presque totalement dispersés au cours de l'occupation. Reconstituée dès 1920, elle rouvrit ses portes en 1921 avec 851 volumes. Le nombre des lecteurs inscrits à cette époque était de 356, et la moyenne des sorties journalières de 25.

Au 1er janvier 1929, la bibliothèque disposait de 1700 ouvrages français : romans, voyages, histoire, géographie, économie politique et domestique, vulgarisation scientifique, etc. ... Tous ces livres sont reliés et soigneusement choisis par une commission de 10 membres qui soumet les commandes à l'approbation de la Direction. Le nombre des lecteurs atteint actuellement le chiffre de 800 et la moyenne des sorties journalières est passée à 38 ; pendant la période d'hiver, il sort de 60 à 70 volumes par jour.

La bibliothèque est ouverte gratuitement à tous les membres du personnel employé et ouvrier, ainsi qu'à leurs familles, tous les jours de 13 à 14 heures et de 18 à 19 heures. Une salle de lecture abondamment pourvue d'illustrations, de revues littéraires et de journaux y est annexée.

Enfin, pour procurer aux ouvriers étrangers et à leur famille des lectures saines et agréables dans leur langue maternelle, la bibliothèque a créé des sections italiennes et polonaises qui disposent respectivement de plus de 200 et 100 volumes en ces langues, nombres qui seront encore accrus très prochainement.

ŒUVRES DE PRÉVOYANCE ET D'ASSISTANCE

En vue de faire bénéficier son personnel des prestations obligatoires de la loi de 1898 sur les accidents du travail, la Société des Aciéries de Longwy, s'est affiliée à la Caisse Syndicale d'Assurances des Forges de France. Moyennant le versement trimestriel de primes calculées sur le montant des salaires et les différentes catégories de risques, cette caisse assure le service des prestations suivantes au lieu et place de la Société :

— aux blessés, elle accorde le demi-salaire, le remboursement des frais médicaux et pharmaceutiques et des interventions chirurgicales. A ces prestations obligatoires, la Société ajoute le paiement des appareils de prothèse indispensables.

— aux ouvriers atteints d'incapacité temporaire, la Caisse d'Assurances verse la moitié du salaire journalier jusqu'à consolidation complète de la blessure. Dans les cas d'incapacité permanente, elle verse une rente variable suivant le degré fixé. En cas de décès consécutif à un accident, la veuve touche 20 % du salaire du mari, avec un pourcentage variable suivant le nombre des enfants (15 % pour un enfant, 25 % pour deux, 35 % pour trois, 40 % pour plus de trois enfants). En attendant que la rente soit liquidée, la Société verse directement à la veuve les premiers secours indispensables.

Dans cet ordre d'idées, il convient de signaler que le développement et les progrès de la machinerie moderne ont permis d'alléger dans une forte proportion les difficultés du travail. Autrefois, l'ouvrage du lamineur, par exemple, était l'un des plus pénibles de l'industrie métallurgique; cet ouvrier devait manœuvrer les barres à la pince, les soulever, les engager dans le laminoir, déployer ainsi un effort parfois considérable. Il lui fallait manœuvrer fréquemment des pièces pesant une cinquantaine de kilos, alors qu'il était soumis à la chaleur rayonnante intense que dégage la barre d'acier.

Dans les laminoirs modernes, ceux des Usines des Aciéries de Longwy en particulier, il en est aujourd'hui tout autrement; en dehors des produits particulièrement maniables, dont la manutention ne nécessite pour ainsi dire aucun effort, les blooms et les barres ne sont plus jamais manœuvrés à la main.

Des lignes de rouleaux placées à fleur de sol les font avancer ou reculer; des ponts-roulants les saisissent et les transportent aux endroits où ils doivent être travaillés; des ripeuses les glissent transversalement. Tous ces outils sont actionnés électriquement et commandés par des ouvriers placés sur des bancs de manœuvre surélevés en général de 3 ou 4 mètres au-dessus du sol, qui les mettent à l'abri des effluves calorifiques.

Il en est de même dans toutes les autres sections, où des appareils de manutention hydraulique ou électrique évitent la plupart des travaux qui se faisaient autrefois à bras d'homme.

Mais si guérir est bien, prévenir est mieux. Dans ce but, la Société a constitué un « Comité de Prévention des accidents du travail ». Ce groupement formé de 9 membres (chefs de service, ingénieurs, contremaîtres et ouvriers qualifiés), procède à des enquêtes approfondies à l'occasion des accidents qui se produisent, afin d'en rechercher les causes et d'en éviter le retour, dans la mesure du possible.

En outre, par des conférences fréquentes au personnel de maîtrise et aux ouvriers, il cherche à faire l'éducation du personnel et à l'instruire des mesures à prendre. Des affiches particulièrement suggestives sont placées par ses soins aux endroits dangereux et rappellent continuellement à l'ouvrier les précautions indispensables de sécurité. Ce comité reçoit éventuellement les suggestions des intéressés; il répartit entre les contremaîtres, les agents de maîtrise et les ouvriers, au prorata du pourcentage des accidents et suivant un coefficient de gravité et de fréquence, les gratifications annuelles accordées par la Caisse Syndicale des Forges de France.

De son côté, la Direction n'hésite jamais à réaliser dans les installations, les réformes, qui lui sont signalées par ce comité.

Signalons enfin qu'en différents points de l'usine sont installés des postes de secours immédiats qui disposent de tous les objets et médicaments nécessaires aux premiers soins: boîtes de secours, acide picrique pour brûlures, appareils respiratoires, appareils à oxygène pour les intoxications par le gaz de hauts-fourneaux, etc. . . .

Les Aciéries de Longwy ont pris, d'ores et déjà, toutes leurs dispositions en vue de l'application de la loi des Assurances Sociales à l'ensemble du personnel. Mais il est intéressant de faire remarquer qu'un grand nombre des nouvelles mesures législatives étaient déjà appliquées par la Société depuis fort longtemps.

C'est ainsi que sept Sociétés de Secours Mutuels généreusement subventionnées fonctionnaient régulièrement dans les principaux services de l'usine; une caisse de secours, alimentée par une retenue de 2 % sur les salaires des ouvriers, leur assurait gratuitement, ainsi qu'à leurs familles, les soins médicaux et pharmaceutiques et leur versait, en outre, pendant la maladie, quelle qu'en fût la durée, le tiers de leur salaire fixe et l'intégralité des allocations familiales.

Dans les cas d'intervention chirurgicale, de très larges subventions étaient accordées aux ouvriers pour leur permettre de régler les frais d'opération, qui leur étaient facturés à des prix réduits.

UN CASSEUR DE FONTE

UN FONDEUR DE HAUT-FOURNEAU

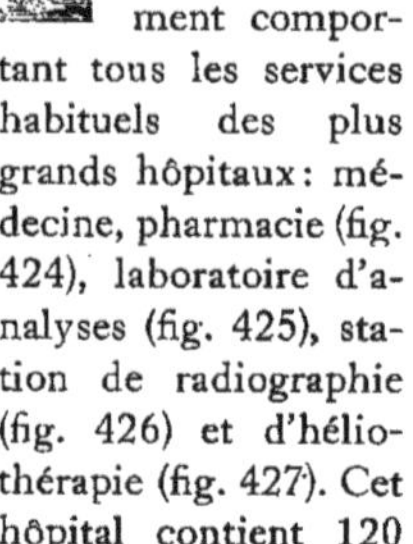

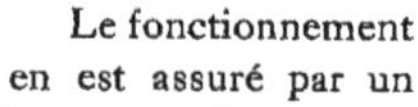

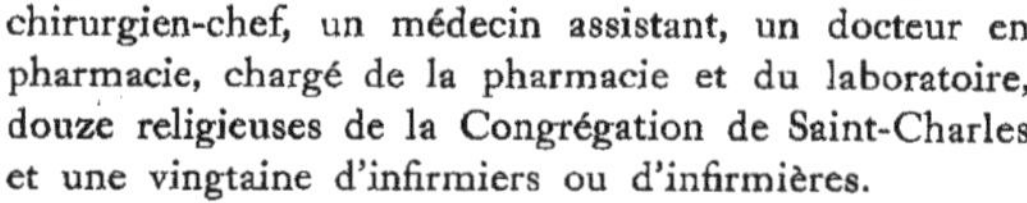

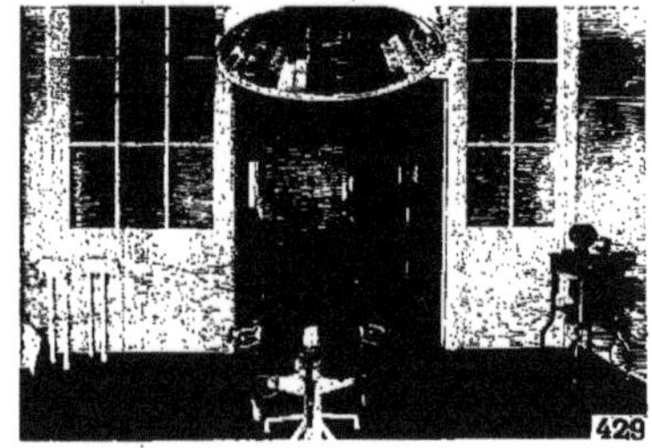

Enfin, pour l'hospitalisation de ses malades et de ses blessés, la Société a créé un « Hôtel-Dieu » (fig. 423), immense bâtiment comportant tous les services habituels des plus grands hôpitaux : médecine, pharmacie (fig. 424), laboratoire d'analyses (fig. 425), station de radiographie (fig. 426) et d'héliothérapie (fig. 427). Cet hôpital contient 120 lits (fig. 428).

Le fonctionnement en est assuré par un chirurgien-chef, un médecin assistant, un docteur en pharmacie, chargé de la pharmacie et du laboratoire, douze religieuses de la Congrégation de Saint-Charles et une vingtaine d'infirmiers ou d'infirmières.

C'est à l'Hôtel-Dieu que se font les visites d'embauche, les consultations des membres du personnel habitant Mont-Saint-Martin et de leur famille, les pansements journaliers et les interventions chirurgicales (fig. 429).

Dans les communes voisines de Mont-Saint-Martin des salles de visite sont aménagées. Chaque jour, un des docteurs attaché à l'Hôtel-Dieu y reçoit les malades et des blessés légers.

Des infirmeries approvisionnées en médicaments par la pharmacie de l'Hôtel-Dieu de Mont-Saint-Martin sont également installées à Moulaine et à Tucquegnieux.

Pour le transport des malades ou des blessés graves, à l'Hôtel-Dieu, deux ambulances automobiles sont mises de jour et de nuit à la disposition du personnel.

Dans cet hôpital est installé un dispensaire, rattaché à l'Office d'Hygiène Sociale de Meurthe-et-Moselle, et qui donne des consultations, suit les malades à domicile et dirige sur des établissements appropriés (sanatoriums et préventoriums) les sujets qui ont besoin de suivre un régime spécial.

La Société s'intéresse aussi vivement à la colonie scolaire d'Arry, fondée par la Chambre de Commerce de Nancy. Elle y envoie chaque année, pendant deux mois, 10 petits garçons et 10 petites filles dont elle prend intégralement à sa charge les frais de séjour.

Nous mentionnerons également l'œuvre des consultations de nourrissons (fig. 430). Ces consultations sont données, tous les mois, par un médecin de la Société, à Gouraincourt, Mont-Saint-Martin et Longlaville. Elles sont fréquentées chacune en moyenne par une soixantaine de mères de famille qui présentent leurs bébés jusqu'à l'âge de deux ans. Une prime de 5 frs est attribuée à la mère à chaque séance et, en fin d'année, une distribution de layettes, d'objets en laine et de vêtements est faite par les soins de Madame Alexandre DREUX.

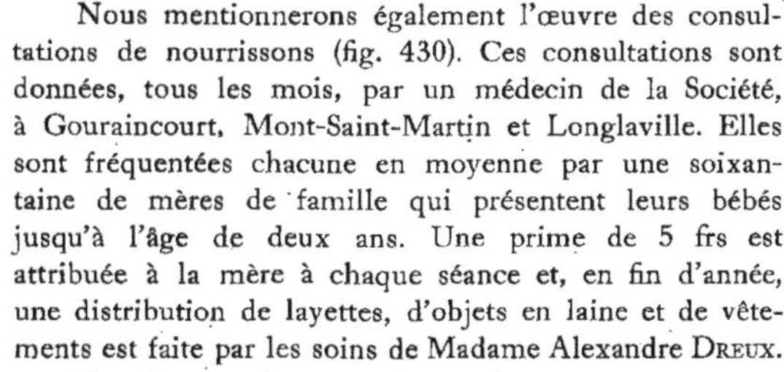

Signalons aussi l'Œuvre de la Crèche (fig. 431, 432, 433 et 434). Cet établissement dû à la générosité d'un administrateur, M. Léon CRÉPEL et de Madame CRÉPEL, reçoit pendant tout le temps nécessaire, depuis leur naissance jusqu'à 13 ans, les enfants dont les mères doivent être hospitalisées pour opération ou soins spéciaux ou qui, tout en restant à la maison, ne peuvent, pour raison de santé, s'occuper momentanément de leur famille. Ces enfants y trouvent tous les soins que réclame leur âge dans des conditions idéales au point de vue hygiène et nourriture. Malheureusement, il ne peut être donné satisfaction aux trop nombreuses demandes d'admission et le nombre de places disponibles (30) s'est rapidement révélé insuffisant.

La crèche est dirigée par trois religieuses de Saint-Charles auxquelles sont adjointes une infirmière diplômée, une garde pour la nuit et une personne chargée de la cuisine.

L'œuvre du vestiaire distribue, principalement au cours de l'hiver, des vêtements et des chaussures aux familles dans le besoin et aux familles nombreuses.

Comme mesure de faveur à l'égard de ces dernières, elle a accordé un sursalaire familial à tout son personnel. Les employés mariés touchent mensuellement une indemnité de 50 frs pour leur femme et une autre de valeur égale par enfant de moins de 14 ans à leur charge; les ouvriers reçoivent des indemnités journalières de 1 fr 75 par personne à leur charge. On se rendra compte de l'importance de cette œuvre par le chiffre versé annuellement à ces différents titres (5.770.733 frs).

UN CHEF D'ÉQUIPE DE L'ATELIER BASIQUE

UN OUVRIER DE L'ACIÉRIE THOMAS

RETRAITES

De tout temps, la Société des Aciéries de Longwy s'est préoccupée d'accorder des retraites à ses ouvriers et employés. Longtemps avant la guerre, elle servait déjà à ceux de ses ouvriers qui avaient 55 ans d'âge et 30 ans de services consécutifs, une pension de 360 frs. Cette retraite était accordée à titre purement gracieux, la Société prenant seule à sa charge les frais consécutifs, sans que les intéressés aient rien à verser et sans qu'il soit fait aucune retenue sur leur salaire.

Aussitôt après l'armistice, le service de ces retraites a été repris; mais en raison de la cherté croissante de la vie, le montant en a été successivement porté à 500-1000 et 1500 frs. Pour les ouvriers n'ayant pas 30 ans de service, mais titulaires de la médaille accordée à 20 ans de service par la Société Industrielle de l'Est, la Société sert des retraites proportionnelles. Les employés touchent également, au même titre gracieux, des pensions en rapport avec leur situation, leurs années de présence et les services rendus. Enfin, un certain nombre de veuves d'anciens ouvriers, agents de maîtrise et employés sont également pensionnées.

Le nombre des retraites ainsi servies, sans participation des intéressés, est actuellement de 197 pour un montant annuel total de 435.220 frs, représentant une moyenne de 2209 frs par retraité.

Depuis le premier mai 1921, la Société des Aciéries de Longwy a mis en vigueur, en faveur de ses employés, un régime de retraites organisé comme suit: l'affiliation est obligatoire 6 mois après l'entrée en fonctions; quel que soit leur temps de présence, les affiliés laissent 2% de leur traitement jusqu'à concurrence de 20.000 frs. La Société verse une contribution correspondante, progressive et variable avec les années de service. Elle est de 2% pour les cinq premières années de présence, 3% pour 5 à 10 ans, 4% de 10 à 15 ans, 5% de 15 à 20 ans, 6% de 20 à 25 ans et 7% à partir de la vingt-cinquième année.

Les employés sont autorisés à verser des cotisations supplémentaires sans aucune limite. En cas de versements facultatifs, la Société verse de son côté 2% supplémentairement.

Le tableau ci-dessous permet de se rendre compte de l'importance des sommes accumulées, au titre des retraites, par la Société des Aciéries de Longwy:

ANNÉES	VERSEMENT DES EMPLOYÉS		TOTAL	VERSEMENT DE LA SOCIÉTÉ		TOTAL
	OBLIGATOIRE	FACULTATIF		OBLIGATOIRE	FACULTATIF	
1922	106.034	56 191	162.225	189.169	47.160	236 329
1923	112.938	61.106	174 044	200.396	50.708	251.104
1924	124.230	61.532	185.762	214.193	50.002	264.195
1925	138.600	71.634	210.234	238.866	58.454	297 020
1926	157.399	82.762	240.161	273.137	67 810	340.947
1927	169 578	99 881	269 459	296.084	80.780	376 861
1928	185 423	113.621	299.044	324.555	89.576	415 131
1929	250 826	158.443	409 269	450.270	123.749	573.989
TOTAUX:	1.245.028	705 170	1.950.198	2.186.667	667.909	2.754 576

L'âge normal de la retraite est fixé à 55 ans.

ŒUVRES DE RÉCRÉATION ET D'ÉDUCATION PHYSIQUE

A côté de celles qui ont pour but le confort matériel et le développement de l'instruction et de l'éducation, la Société des Aciéries de Longwy a créé une série d'œuvres de récréation et d'éducation physique, au sein desquelles l'ouvrier trouve un délassement après le dur labeur de la journée. C'est ainsi qu'à Gouraincourt a été construite une magnifique salle des fêtes de 700 places (fig. 437 et 438) où sont données tous les mois des séances théâtrales,

et chaque semaine des représentations cinématographiques. Les programmes de ces séances et représentations sont arrêtés à l'avance et choisis avec la plus grande attention par les soins et sous le contrôle d'une commission spéciale.

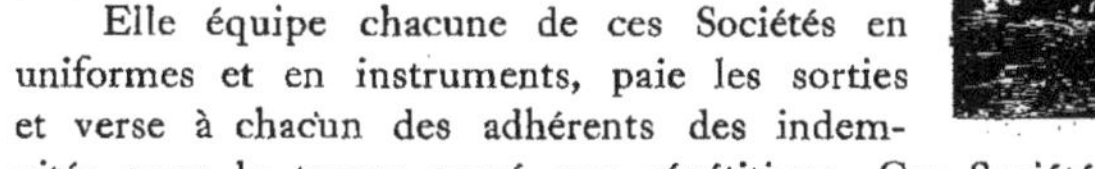

La Société entretient également plusieurs Sociétés musicales :
— une harmonie de 70 exécutants (fig. 439);
— une symphonie de 35 musiciens (fig. 440);
— une Société de trompettes de 30 membres (fig. 441).

Elle équipe chacune de ces Sociétés en uniformes et en instruments, paie les sorties et verse à chacun des adhérents des indemnités pour le temps passé aux répétitions. Ces Sociétés donnent des concerts pendant les mois d'été et prennent part aux diverses fêtes religieuses, civiles et patriotiques organisées dans la région.

Il existe également des fanfares aux Mines de Tucquegnieux et de Moulaine.

UN CHAUFFEUR DES LAMINOIRS

UN LAMINEUR

Les Aciéries de Longwy s'intéressent également, à des œuvres d'éducation physique telles que la Société de Gymnastique «l'Espérance» (fig. 444) qui a obtenu de nombreuses récompenses

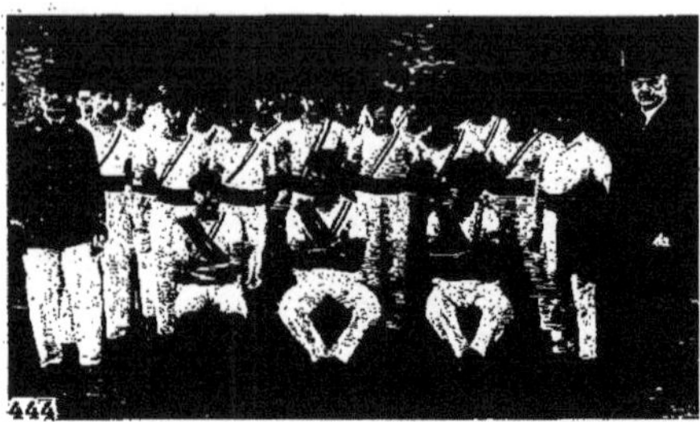

à divers concours et la Société Sportive de Mont-Saint-Martin (fig. 445) qui, presque chaque semaine, participe à des matchs amicaux avec des Sociétés de foot-ball de la région.

Nous devons une mention spéciale à la Compagnie des Sapeurs-Pompiers (fig. 446 et

447) dont la Société paie les équipements et à laquelle elle fournit la totalité du matériel. Grâce à cet appui, la Compagnie forte de 51 hommes, possède un matériel perfectionné (moto-pompes, extincteurs de grande capacité, grande échelle mécanique, dévidoirs et camion automobile spécialement équipé pour le transport rapide des hommes et de leur matériel, etc....), le tout acheté aux frais de la Société. Les Aciéries de Longwy subventionnent, en outre, largement la Compagnie des pompiers de Longlaville, dont l'effectif est un peu moindre.

En terminant ce chapitre consacré aux œuvres admirables créées par la Société des Aciéries de Longwy, qu'il nous soit permis d'en saluer les artisans:

— M. Alexandre DREUX qui, malgré ses fonctions multiples et ses charges écrasantes, ne cesse de se pencher avec sollicitude sur les besoins de son personnel;

— Madame Alexandre DREUX, qui le seconde si dignement;

— Monsieur Edouard DREUX, le regretté Directeur Général, qui avait si justement compris l'importance de l'action sociale du patronat, et que la mort implacable a enlevé prématurément à l'affection de tous ses collaborateurs.

ERRATA

Page 9 :

— LA SAUVAGE — Le haut-fourneau de La Sauvage ne fut maintenu à feu par M. le comte de Saintignon que jusqu'en 1865.

— LONGWY-BAS — C'est en 1848 (et non en 1840) que fut construit le premier haut-fourneau de Longwy-Bas.

Page 16 :

— MM. de Wendel ont cédé à la Société des Aciéries de Longwy la licence qu'ils avaient rachetée à M. Taskin et donnant droit à l'installation d'une usine pour l'exploitation du procédé Thomas en un point à choisir dans le département de Meurthe-et-Moselle. Mais, préalablement ils s'étaient assurés le monopole du brevet pour leurs Usines d'Hayange et le reste du département de Meurthe-et-Moselle; c'est ce monopole qu'ils utilisèrent lors de la fondation des établissements de Jœuf, près Briey.

Page 32 :

— M. Ed. Dreux fut nommé Sous-Directeur de la Société des Aciéries de Longwy en 1908.

ACHEVÉ D'IMPRIMER LE SEIZE AOUT
MIL NEUF CENT TRENTE SUR LES
PRESSES DE BRAUN & CIE
A MULHOUSE - DORNACH

LES ILLUSTRATIONS SONT DE
GROSJEAN, PELTIER ET SCHERBECK
LES CLICHÉS NON SIGNÉS SONT
DE SCHERBECK

Pages 10 et 24 :
— Les hauts-fourneaux de Moulaine ne faisaient pas partie de l'apport de M. le baron O. d'Adelsward dans la nouvelle Société, mais ont été achetés le 10 janvier 1881 par les Aciéries de Longwy à la Société Industrielle du Grand-Duché de Luxembourg, avec la concession minière voisine.

Page 99 :
— Dans la région de Longwy, un fourneau produit environ une tonne de laitier pour une tonne de fonte ; la production de Mont-Saint-Martin est donc quotidiennement de 1500 tonnes qui représentent approximativement le contenu de 85 poches de 18 tonnes.

Page 106 :
— La quantité de chaux introduite dans le convertisseur est égale à 15 ou 16% du poids de la charge de fonte, soit 4 tonnes environ.

Page 115 :
— La combustion des gaz porte la température de 1800 à 1850° dans l'intérieur du four Martin.